Le mur de Berlin et la chute du communisme expliqués à ma petite-fille

Marc Ferro

Le mur de Berlin et la chute du communisme expliqués à ma petite-fille Soazig

Éditions du Seuil

ISBN 978-2-02-097780-7

Dans cet essai, nous avons laissé Soazig poser ses questions.

Au plus nous en avons modifié l'ordre.

En effet, il nous a semblé utile qu'apparaissent les interrogations qu'une adolescente se pose sur les bouleversements majeurs de notre temps.

Les questions n'ayant pas été posées dans un ordre historique traditionnel, une chronologie correspondant aux événements évoqués se trouve à la fin de ce texte.

Pourquoi ce mur, pourquoi Berlin ?

Plus que tout autre épisode, la chute du mur de Berlin signe la faillite du régime communiste. Certes, il y a eu d'autres « murs » dans l'histoire, mais aucun n'a eu la signification de celui construit à Berlin.

Dans l'ancienne Chine, la muraille élevée autour du pays avait pour fonction de défendre le pays contre les invasions étrangères. Le *Limes* autour de l'Empire romain était un ensemble de fortifications destinées à protéger le territoire des barbares au nord, des nomades au sud. Ces dernières années, le mur construit au sud d'Israël (à ne pas confondre avec le mur des Lamentations à Jérusalem) avait pour but de préserver le pays des terroristes palestiniens. Quant au mur que les Américains bâtissent à la frontière mexicaine, il vise à mettre fin à l'immigration clandestine.

Tous ces murs ont une fonction défensive. Ce qui n'est pas le cas de celui de Berlin.

Il a été édifié en 1961 pour mettre fin à l'exode des Berlinois et des Allemands de la République démocratique allemande (RDA) qui voulaient passer à l'Ouest. Mais la décomposition du régime communiste en URSS et les soubresauts des démocraties populaires, de la Pologne surtout, ont suscité une telle onde de choc que le mur de Berlin a cédé sous la pression populaire, précipitant la fin de la RDA et l'unification des deux Allemagnes. Cette chute a signé la fin non seulement des régimes communistes à l'Est mais aussi de la division que l'Europe connaissait depuis la fin de la Seconde Guerre mondiale.

En effet, dès que se constitua la « grande alliance » entre l'URSS, la Grande-Bretagne et les États-Unis pendant le conflit, le sort futur de l'Allemagne se trouva au cœur des négociations et des rivalités : demeurerait-elle unie ou serait-elle fragmentée ? Aux accords de Potsdam, il fut décidé qu'elle serait divisée en quatre zones d'occupation (la France ayant droit à sa zone), en attendant que soit fixé son futur statut global. Comme l'ensemble du pays, Berlin fut partagé en quatre de la même manière. Or, dès 1946, les anciens alliés adoptent une politique radicalement différente. Tandis que les Soviétiques, dont le territoire a été ravagé, procèdent à un démontage des usines dans la zone qu'ils occupent, afin de favoriser leur propre reconstruction et d'affaiblir l'ancien ennemi – s'aliénant ainsi la population –, les Américains, à l'inverse, aident les Allemands à retrouver une vie normale par tous les moyens : multiplication de dons privés, contribution à la reconstruction de Cologne, etc. Des « trains de l'amitié » sont mis en place pour prévenir l'adhésion des Allemands au communisme. Les Anglais adoptent la même attitude, les Français aussi, mais avec plus de réticence ; cependant, seuls les États-Unis ont les moyens de faire triompher leur stratégie.

En France, on est jaloux de ces faveurs américaines accordées aux Allemands et ce sentiment rend compte, au moins pour une part, de la popularité du parti communiste qui ne cesse de les dénoncer. Après le « coup de Prague », en 1948, et la prise totale du pouvoir par les communistes tchèques, avec l'aval de Moscou, les Américains réagissent en intégrant davantage encore l'Allemagne qu'ils contrôlent à leur économie, et ils y associent d'ailleurs les Anglais. Devant le marasme que connaît le pays dévasté, ils inaugurent une réforme monétaire qui doit régénérer l'économie. Le nouveau Mark-1948 est lancé jusque dans Berlin ce qui, pour les Soviétiques, sonne comme une provocation. À cette réforme, prémice à la création d'un État allemand de l'Ouest, les Russes répondent en organisant un blocus autour de Berlin. S'engage alors une épreuve de force, la première de la guerre froide.

Tandis que, grâce à la réforme monétaire,

l'abondance renaît dans les zones de l'Ouest, les Américains mettent sur orbite, pour sauver Berlin, un pont aérien qui, contre toute attente, est un succès absolu. Les Américains sont désormais des sauveurs aux yeux des Allemands, et leur gratitude sera durable. Les Russes, de leur côté, doivent faire contre mauvaise fortune bon cœur, et ils mettent fin à un blocus de cent jours en avançant des raisons d'ordre humanitaire.

Entre-temps, les alliés de l'Ouest ont encouragé les Allemands à forger une Loi fondamentale, qui sera la base de la création de la République fédérale. Sitôt après, les Soviétiques transforment leur zone en une République démocratique et accusent les Américains d'être responsables de la division de l'Allemagne.

Mais à cette date les Allemands, encore politiquement anesthésiés depuis leur défaite, constatent surtout que leur pays se reconstruit avec l'aide de l'Ouest. En 1953, Berlin se révolte contre les communistes, preuve que cette ville, depuis le blocus et le pont aérien, est bien devenue l'épicentre de la guerre froide et le symbole de la lutte pour les libertés.

La ville, géographiquement située au sein de la RDA, n'en voit pas moins cohabiter deux régimes. De sorte que, peu à peu, une partie grandissante de la population de Berlin-Est et de la RDA passe à l'Ouest : ils sont bientôt près de deux millions. En 1961, pour mettre fin à un tel désaveu, les Russes et les dirigeants de la RDA construisent un mur qui interdit tout exode. Son édification formalise brutalement le côté de la liberté, celui où l'on choisissait de vivre.

Avec ce symbole au milieu de Berlin, ville enclavée pourtant en contact avec l'Ouest, l'Allemagne demeurait une nation, mais divisée en deux États, RFA et RDA, toutes deux reconnues par la communauté internationale.

Malgré la tension permanente que crée cette situation, aggravée par la participation de forces est-allemandes à la répression de Prague en 1968, une tentative se noue grâce à Willy Brandt, à l'Ouest, qui œuvre pour normaliser les rapports entre les deux États.

Une mini-détente s'ensuit, mais les soubresauts de la Pologne à la fin des années 1970, fait craindre à Honecker que la contagion n'atteigne la RDA. Le régime est-allemand se raidit, sa police, la *Stasi*, institue un régime de haute surveillance – ce dont rend compte le film, *La Vie des autres*, de Florian Henckel von Donnersmarck – et, plus que jamais, les Allemands de l'Est cherchent à s'évader.

Dans son ouvrage, *La Chute du mur de Berlin à la télévision française*, Gilles Freissinier a constaté un « renversement » dans la médiatisation du mur[1]. D'abord ignoré, comme la plupart des sujets portant sur l'Allemagne, jusqu'en 1989, le Mur n'est jamais évoqué que sous la forme de chroniques, d'anecdotes dramatiques. Puis il envahit les écrans, et sa chute le transforme en événement. Ensuite, principalement sur Arte, il devient un sujet d'histoire – une « histoire-mémoire » faisant essentiellement appel à l'expérience

1. Gilles Freissinier, *La Chute du mur de Berlin à la télévision française. De l'événement à l'histoire*, Paris, L'Harmattan, 2005.

des Berlinois. Bien que la chute apparaisse comme un tournant de l'histoire, le contexte international reste simplement esquissé *via* des interventions de Gorbatchev sur l'Allemagne par exemple.

À l'heure actuelle, c'est la commémoration qui suscite enquêtes et retours en arrière – toujours sur fond de témoignages où s'exprime la compassion pour le sort des Allemands –, ainsi que le thème de la réunification et des désillusions qu'ont connues depuis les habitants de la RDA.

Mais sur les liens entre la chute du Mur et celle du communisme, à l'Est et en URSS, rien.

L'époque du Mur a duré de 1961 à 1989. Doit-on parler, à ce moment-là, de force ou de faiblesse du monde communiste ?

La construction du Mur avait constitué un acte de force, comme le blocus de Berlin en 1948. Or celui-ci s'était terminé par un échec, à l'instar de la crise de Cuba en 1961, lorsque l'URSS avait été contrainte de retirer les missiles qu'elle avait placés sur l'île pour soutenir le régime de Fidel Castro :

> Jamais plus les Soviétiques ne laisseraient une situation similaire se représenter [...]. Il y avait eu là « aventurisme », jugeait l'amiral Kuznetsov, à placer des missiles là où on ne pouvait les maintenir ; étant entendu que *les progrès stratégiques, comme l'Histoire, doivent être irréversibles.*

Tel était bien le dogme auquel, jusque-là, les événements avaient donné raison. « On allait dans le sens de l'histoire » : le passage de la Chine au communisme, l'émancipation des peuples colonisés, que scelle la crise de Suez – où l'URSS donne la main aux États-Unis contre les « puissances impérialistes » –, le discours plus ou moins socialiste d'un certain nombre des dirigeants des nations émancipées, l'extension de ce mouvement à l'Afrique portugaise et, au travers de Cuba, à quelques États d'Amérique latine, sonnaient comme autant de signes encourageants pour Moscou, même si, dans le même temps, les soubresauts des pays de l'Est nécessitaient l'intervention des forces soviétiques.

Or, pour l'URSS, la situation se retourne bientôt. Elle est incapable de soutenir ses alliés arabes contre Israël pendant la guerre des Six Jours avec Israël et entre en conflit avec la Chine de Mao Tsé-Toung qui juge sa politique « révisionniste » et reproche aux Soviétiques de vouloir s'immiscer dans le destin communiste de la Chine.

Pour prévenir les suites inéluctables de tels bouleversements, qu'illustre le voyage de Nixon à Pékin en 1972, Moscou change de position et se déclare prêt à substituer à la confrontation une « co-existence dans la collaboration » ; il s'ensuit un déluge d'accords sur le désarmement et la limitation des armes nucléaires (SALT), ainsi que des accords économiques, qui, selon les Américains, doivent « aider l'URSS à ne plus être tout à fait l'URSS », les libertés politiques découlant normalement, disent-ils, de la détente économique.

Ces rapports entre l'URSS et les États-Unis reposent, de fait, sur un profond malentendu.

Pour les Américains, le désarmement doit s'accompagner de la détente sur tous les fronts, chaque superpuissance demeurant à sa place, ils donnent ainsi une interprétation restrictive des accords de Yalta, ne cherchant plus à susciter d'élections libres dans les pays de l'Est contrairement à ce qui avait été promis jadis et encore jamais respecté. C'est ce qui explique leur immobilisme lors de la répression par Moscou du « Printemps de Prague », en 1968. En échange, ils attendent de l'URSS, qu'elle ne participe pas à la déstabilisation du reste du monde. Pour les Soviétiques, au contraire, le maintien du *statu quo* signifie seulement que l'URSS n'interviendra pas activement hors de sa zone, notamment au travers de l'action des partis communistes : elle n'apporte donc pas son soutien à l'euro-communisme en Italie, pas plus qu'à l'union de la gauche en France. Mais Moscou n'entend pas pour autant freiner le « cours de l'histoire » : ils laissent Cuba soutenir les pro-communistes d'Angola, aident le Frelimo du Mozambique et interviennent dans la Corne de l'Afrique, d'abord aux côtés de la Somalie, puis de l'Éthiopie.

De plus, l'URSS se veut désormais une puissance maritime et mondiale pour doter ses flottes d'une fonction politique outre-mer et afin qu'elles ne soient plus seulement dans la dépendance d'une stratégie terrienne ou nucléaire.

Cette surpuissance joue le rôle de garde-fou contre un retour global de la réaction en Europe et dans le reste du monde ; elle donne de l'assurance aux partis communistes, même lorsqu'ils sont sur le déclin, et même à l'ensemble des forces de gauche qui défendent un État-providence dont l'URSS avait naguère proposé l'idéaltype.

Or, au moment même où cette puissance s'affirme, une image négative du régime soviétique commence à s'imposer. Depuis la révélation par Kravchenko, en 1949, de l'existence de camps de concentration en URSS et le rapport Khrouchtchev en 1956 sur les crimes de Staline, les écrits de dissidents ont abondé, décrivant l'état de terreur dans lequel vit une partie de la société. La révélation la plus importante vient de la publication, par Alexandre Soljenitsyne, d'*Une journée d'Ivan Denissovitch*, en 1962. Sa parution avait été autorisée par Khrouchtchev, mais ce « dégel » ne dure pas et il est suivi de toute une série de procès contre les auteurs de *samizdats* (publiés à compte d'auteur) : Siniavski, Daniel, Guinsbourg, Boukovski. Les cris de protestation, isolés au départ, donnent lieu à une première manifestation publique sur la place Rouge en juillet 1968 pour dénoncer la répression du printemps de Prague. Parallèlement, les écrits de Soljenitsyne, notamment *L'Archipel du Goulag*, critiquent d'une façon jusqu'alors inégalée la vie en URSS à l'époque de Staline.

À l'Ouest, les événements de Mai 68 et de Prague marquent un tournant décisif, qui met fin au mythe du « modèle soviétique », même si Georges Marchais, bientôt secrétaire du Parti communiste français, déclare encore que le bilan de l'expérience soviétique « est globalement positif ».

En Europe de l'Est, les événements de Berlin, Poznań, Budapest, Prague ont donné la parole aux populations. À leurs voix se joint celle du nouveau pape, Jean-Paul II, un Polonais, élu en 1973, ardent défenseur des libertés religieuses. Ce dernier mobilise l'Église catholique dans la lutte contre le communisme, tout en engageant la reconquête des concessions libérales acquises aux temps de Vatican II. Animateur, plus que chef d'orchestre, il contribue au rapprochement entre l'Église polonaise et les mouvements contestataires réactivés lors des grèves des chantiers navals de Gdansk.

Quels événements ont mis fin au communisme et conduit à la chute du Mur ? Est-ce la politique de Gorbatchev ou celle des démocraties populaires ?

L'effondrement des régimes de l'Est a autant surpris que la transformation du régime soviétique. Certes, on savait depuis les émeutes de Berlin, en 1953, de Budapest, en 1956, de Prague, en 1968, de Poznań, puis de Gdynia, en Pologne, en 1970, à quel point ces régimes étaient impopulaires, mais la caution de l'URSS, la surveillance que ce pays exerçait, sa puissance semblaient promettre à ces satellites et leur régime un avenir inébranlable. Quant à l'Union soviétique, son parti unique en faisait l'incarnation du régime totalitaire, les seuls événements susceptibles de troubler sa vie politique étant les luttes au sommet pour le pouvoir.

Telle était au moins la conviction des observateurs, tant dans le monde occidental que dans les démocraties populaires. Lorsque le Russe Amalrik se demande, en 1976, si l'URSS survivra jusqu'en 1984 et qu'Emmanuel Todd annonce la décomposition prochaine du monde communiste en Europe de l'Est, un silence ironique accueille ces prophéties.

Or il est vrai que l'effondrement a bien suivi l'instauration de la *perestroïka* par Gorbatchev.

Mais comment la situation en Europe centrale et orientale a-t-elle pu y contribuer ?

D'abord, on doit rappeler que ce ne sont pas les accords de Yalta qui sont à l'origine de l'abandon de l'Europe orientale aux Soviétiques. C'est leur non-application par Staline et par les dirigeants des pays de l'Est. À Yalta, en janvier 1945, les Alliés étaient incapables d'empêcher la progression des armées soviétiques qui avaient déjà occupé le terrain. De fait, ces accords ne prévoyaient pas que les communistes prendraient la totalité du pouvoir, notamment en Pologne. D'ailleurs, c'est dans les pays qui se sont débarrassés le plus tôt de la tutelle de Moscou – en Yougoslavie et en Albanie – que les régimes de type stalinien ont survécu le plus durement. On doit aussi rappeler que des régimes fascisants avaient régné en Hongrie, en Roumanie et en Bulgarie. Pour une bonne partie de l'opinion occidentale, et pas seulement communiste, la mainmise des Soviétiques sur ces pays apparaissait donc comme une garantie contre un retour du fascisme.

Qui plus est, en dépit de la politique du Kremlin qui, pendant une trentaine d'années, a cherché à unifier les pays de l'Est au travers d'institutions communes – le pacte militaire de Varsovie, le Comecon (une sorte de marché commun), etc. – ces pays sont restés très différents les uns des autres et ne se sont pas rapprochés du modèle soviétique –, sauf la Bulgarie. L'enrégimentement n'en fut pas moins effectif, entraînant une dégradation de l'économie, en Tchécoslovaquie notamment, si bien qu'après 1968 le pays nourrit, comme ses voisins, une haine de Moscou qui égale celle des horreurs commises par les nazis. L'identité propre de chaque nation a été conservée en partie grâce à l'existence d'une « société d'intellectuels », tels que les Tchèques A. Liehm et Milan Kundera, le Polonais Geremek, le Hongrois Fejtö, etc.

Le communisme s'est enraciné le plus fortement là où, jusqu'à la Seconde Guerre mondiale, il n'y avait pas de parti socialiste important, ni même de tradition démocratique. Ce ne sont pas ces pays, Bulgarie ou Roumanie, qui ont pu influencer l'URSS, au contraire. Ainsi, la Roumanie s'est alignée avec retard sur le « modèle » soviétique. Significativement, la femme du dictateur Ceausescu, qui n'avait fait que des études primaires, s'est vue nommer présidente d'une académie, phénomène qui n'a d'équivalent que dans l'URSS de Khrouchtchev, voire de

Brejnev, où des *apparatchiks* d'origine populaire, instruits mais sans culture, étaient placés à la tête d'académies et instituts. Cette situation était beaucoup moins fréquente dans des pays où les cadres culturels avaient survécu, comme la Tchécoslovaquie, la Hongrie, ou la Pologne. Ces derniers États, qui se jugeaient plus avancés que la Russie, manifestèrent une aspiration à la liberté pouvant devenir contagieuse : il semble que l'exemple tchèque en 1968, voire l'agitation dans les pays Baltes, autrement dit en URSS même, ont eu un effet sur la politique de Moscou. Anticipation, impulsion ou pression, nul ne peut le dire.

L'Occident attribue la fin du communisme à l'action de Gorbatchev plus qu'à celle du syndicat polonais Solidarnosc, *ce qui a suscité une certaine amertume en Pologne. Qui a joué le rôle le plus important ?*

Il est difficile de « mesurer » la part de chacun dans un phénomène aussi considérable. Il reste qu'en ce qui concerne la dévalorisation des fondements théoriques du communisme, la Pologne du syndicat *Solidarnosc* a joué un rôle pionnier. En effet, à la différence des mouvements de contestation précédents – à Berlin, Budapest, Prague –, celui qu'a initié *Solidarnosc*, animé par des intellectuels comme Kuron et Modzelewski, fut un soulèvement purement ouvrier, à l'instar de son leader, Lech Walesa. Complètement autonome, par sa seule existence, ce syndicat disqualifiait le parti communiste qui se proclamait « parti de la classe ouvrière ».

Kuron et Modzelewski partageant une même hostilité envers les Russes et le stalinisme, qui les poussa à créer un courant oppositionnel peu important en 1964, mais qui se développa et devint le syndicat *Solidarnosc*. Contrairement aux soulèvements de Budapest en 1956 ou de Prague en 1968, le mouvement ne doit rien au Parti. En outre, bien que dénommé « syndicat », il ne vise pas une forme d'autogestion mais se veut un contre-pouvoir global, mettant en cause certains aspects du fonctionnement de l'État : justice, police, contrôle de l'information. *Solidarnosc* se présente donc comme une sorte de relève de l'Église, à laquelle il est d'ailleurs associé. Il étend sa compétence horizontalement, en encourageant la formation de syndicats paysans qui finissent par obtenir le démantèlement de la collectivisation. Ce résultat possède une forte valeur symbolique. Le Parti tente de prendre des mesures pour se concilier la population, mais elles restent sans effet tant on s'identifie à ce contre-pouvoir dont l'influence va croissant.

Pour y mettre fin, le Parti confie le pouvoir au général Jaruzelski, c'est-à-dire à l'armée, qui arrête en 1981 tous les dirigeants de *Solidarnosc*. Pour la première fois, le pouvoir change de visage et la « normalisation » n'est pas le fait d'une intervention soviétique mais des Polonais eux-mêmes.

Le général Jaruzelski fait en sorte de donner une dimension positive à son intervention, en prétextant qu'il avait évité le pire, c'est-à-dire une intervention militaire soviétique. La question demeure ouverte, mais il fut en tout cas assez habile pour que la situation n'explose pas malgré une répression importante : plus de cinq mille arrestations et une centaine de victimes dont le père Popieluszko, assassiné en 1984. Toutefois, Jaruzelski finit par comprendre qu'il devait partager sa légitimité avec le contre-pouvoir occulte de *Solidarnosc*. Ses membres furent libérés et invités à une table ronde avec le général. Il s'opéra ainsi une « transfusion de légitimité en échange d'une inclusion contrôlée » de l'opposition (G. Mink). C'est ce qu'aujourd'hui la droite polonaise reproche aux anciens de *Solidarnosc*.

La « nouvelle pensée » de la *perestroïka* (c'est-à-dire la nouvelle politique extérieure) impliquait, pour Gorbatchev, de ne plus envisager d'intervention : un compromis fut donc trouvé, au terme des négociations, alors que la situation en Pologne redevenait explosive. L'impulsion donnée par *Solidarnosc* concordait en effet avec les perspectives ouvertes par la *perestroïka*, même si le risque d'un soulèvement comme celui de Budapest fut évité de peu.

Dans une allocution de 1986, Gorbatchev félicite Jaruzelski « pour sa capacité à trouver des solutions à des problèmes complexes ».

Par la suite, un haut responsable soviétique déclare que « le pluralisme syndical n'est pas une hérésie » et même *Kommunist*, à Moscou, se réjouit que le Parti ait réussi en Pologne à rétablir son rôle directeur dans la société et dans l'État en « établissant un nouveau système politique réunissant la démocratie socialiste parlementaire et la société civile » – propos en rupture avec le dogme et la loi du régime.

De fait, le processus polonais n'avait rien de commun avec la situation en URSS mais il se développait parallèlement à la *perestroïka* lancée par Gorbatchev, et Moscou encourageait donc le mouvement polonais, changement fondamental avec les époques précédentes. Gorbatchev pensait que chaque régime se modifierait à son rythme et à sa manière, la Hongrie suivant à son tour un autre parcours que la Pologne ou que l'URSS. Ainsi, même le raidissement de la RDA devant cette évolution puis la chute du mur de Berlin en 1989 parurent pouvoir être « digérés » par la stratégie de la « nouvelle pensée » que menait Gorbatchev, alors qu'en Occident on ne vit dans la chute du Mur qu'une étape vers la solution du problème allemand. Cette interprétation étonnante marquait un tournant dans la politique de Moscou. On peut juger que le « feu vert » lancé par Gorbatchev fut un signal bien compris mais auquel réagirent de façon divergente les dirigeants des démocraties populaires.

Cette nouvelle politique avait posé comme principe la non-ingérence dans les affaires des pays « frères » : Gorbatchev avait donc laissé s'aggraver l'hémorragie des Allemands de l'Est vers la Hongrie et vers la Tchécoslovaquie, et il avait poussé Honecker à accomplir les réformes libérales lancées par la *perestroïka* : « celui qui arrive trop tard, la vie se charge de le punir », lui avait-il lancé, en vain.

La chute de Honecker, qui se produit peu après, suscite nombre d'interrogations sur l'avenir. Toute intervention militaire était désormais évitée, car on n'était plus en 1956 ou en 1968. À Prague, Vaclav Havel assurait Gorbatchev que le projet socialiste n'était pas menacé. À Moscou, on ne s'attendait certes pas à la chute du Mur, mais c'était le problème allemand qui était au centre de toutes les préoccupations : la portée de la double chute, celle du Mur et celle de Honecker, n'était pas analysée dans toute son ampleur, ni même comme un symbole, de sorte que l'autorité de Gorbatchev ne paraissait pas ébranlée.

Pourtant les militaires se joignent aux conservateurs pour s'inquiéter des suites de ces événements, dans les pays Baltes essentiellement, où le sécessionnisme a commencé à s'exprimer. Paradoxalement, la chute du Mur elle-même ne fait pas l'objet de commentaires particuliers. C'est tout juste si les réformateurs ne jugent pas qu'elle aide à une harmonisation de la « nouvelle politique » initiée par Moscou et à laquelle résistait l'Allemagne de l'Est.

Quelles furent les réactions en France à la chute du mur de Berlin ?

Lorsque s'effondre le mur de Berlin, le 9 novembre 1989, un immense cri d'espérance parcourt les médias du monde occidental. Non seulement les Allemands de l'Est étaient libres, 750 000 Allemands de Berlin-Est pouvaient passer à l'Ouest ; le monde communiste était bien une prison dont on pouvait enfin s'échapper.

En France comme ailleurs, on voit et revoit ces images enthousiasmantes que même une partie du monde communiste salue : Gorbatchev en personne n'est-il pas accueilli en libérateur par l'Allemagne, qui cautionne ainsi le changement radical qu'il a imprimé à la politique de l'Union soviétique ?

Pourtant, à Paris, une fois le moment de liesse passé, on réalise avec stupeur qu'« un bloc de béton est tombé dans le jardin de la France ». Car si le Mur s'est écroulé, l'Allemagne de l'Est pourrait s'effondrer à son tour et l'adage énoncé jadis par François Mauriac de s'imposer à la mémoire : « J'aime l'Allemagne, et je l'aime tellement que plus il y en a, plus je suis heureux. »

L'ouverture du Mur ne risquait-elle pas de faire disparaître la nation germanique divisée en quatre – la République fédérale, la République démocratique, Berlin et l'Autriche – pour promouvoir à nouveau l'unité de tous les Allemands ?

Ce spectre, les Français n'avaient pas voulu l'imaginer, et voilà qu'il surgissait au revers du triomphe de la liberté.

Lorsque Jean Monnet et Robert Schuman eurent l'idée de construire un pôle charbon/acier, vers 1950, leur objectif premier était d'enterrer la hache de guerre entre la France et l'Allemagne en réunissant la production sidérurgique du charbon et de l'acier des deux pays, instrument de leur puissance et de leur rivalité. La France arrimait ainsi l'Allemagne de l'Ouest à l'Occident, renforçant le bloc occidental face à l'expansionnisme soviétique. De la sorte, elle contrôlait la République fédérale, puissance économique, certes, mais « nain politique ». Le chancelier allemand, Adenauer, jugeait de son côté que cette intégration assurerait la renaissance de l'Allemagne de l'Ouest qui jouerait alors un rôle d'aimant face à l'Allemagne de l'Est – la RDA –, durement pénalisée par les Soviétiques : où, dès 1953, à Berlin-Est, on se révoltait contre leur régime.

En France, les milieux dirigeants étaient très satisfaits de ce rapprochement. De plus en plus de Français, oublieux du passé, nourrissaient une bonne opinion des Allemands : de 9 % en 1954, ils représentaient, dix ans plus tard, 53 %.

Or, entre la France et l'Allemagne, s'il s'agissait d'un mariage, certes, c'était un mariage sans contrat. Et Giscard comptait travailler avec Moscou au maintien de la division de l'Allemagne.

Sous la présidence de Mitterrand, à partir de 1981, le problème change de nature. Les pacifistes allemands – les Verts – deviennent tellement influents que la diplomatie française craint que l'Allemagne fédérale ne s'allie à l'URSS. Ce n'est qu'en 1986 que le rapprochement entre Kohl et Mitterrand éloigne cette perspective.

Il reste que, à l'Est, l'attraction exercée par la République fédérale se faisait de plus en plus forte, même si les Français se refusaient à imaginer que Bonn laisse cette situation se prolonger jusqu'à l'éclatement. Mitterrand et Roland Dumas jugent tout au plus que « peut-être, un jour, notre génération verra la démolition du mur de Berlin ». Nous sommes en septembre 1989, deux mois avant sa percée sous la pression des Allemands et des changements de l'URSS.

En France, l'enthousiasme des premières semaines après la chute du Mur laisse la place à l'inquiétude : il est clair que l'événement annonce la fin de la RDA et donc la réunification de l'Allemagne. On avait voulu croire à la pérennité de sa division, comme on croyait à la pérennité du communisme en URSS. N'était-ce pas, en effet, un État totalitaire ?

Mais c'était une autre erreur de croire que l'intégration de la RDA transformerait l'Allemagne en superpuissance. De fait, le prix de ce rattachement fut tellement élevé, en raison de la différence de développement entre les deux parties de l'Allemagne, et il en a tellement coûté à l'Allemagne réunifiée que son affaiblissement économique temporaire a éloigné, pour la France, le péril d'une domination sans recours de ce nouveau géant.

Les dirigeants français se sont-ils constamment trompés, à la fois sur l'Allemagne et sur l'URSS ?

On s'est trompé sur l'Allemagne, pour une bonne part… En effet, dès l'éclatement de la Yougoslavie en 1999, dix ans après la mort de Tito, Bonn a reconnu d'emblée l'indépendance de la Croatie et de la Slovénie, sans consulter Paris ou d'autres capitales, alors que la France de Mitterrand aurait souhaité prévenir ce morcellement et maintenir une Yougoslavie intacte. Ainsi, jusque-là, rien n'avait été possible sans l'Allemagne de Bonn. Désormais, rien ne serait possible contre une Allemagne réunifiée.

Or les dirigeants français ne voulaient pas admettre que, sans le revendiquer, Bonn n'avait cessé de préparer cette réunification, car ils s'imaginaient que la RDA serait indestructible et s'en accommodaient.

Au vu du sort des régimes de l'Est, au regard de la répression exercée aux temps de Khrouchtchev et de Brejnev à Berlin comme à Budapest et à Prague, les dirigeants français ne pouvaient prévoir que Gorbatchev laisserait la libération faire son chemin dans ces pays.

Les Français restaient prisonniers des schémas traditionnels sur les régimes à parti unique et ne prirent pas la mesure des changements sociaux qui s'opéraient. Le dogme paraissait intangible, mais la société se transformait, au point qu'elle allait à son tour modifier les principes et l'avenir du régime : c'est là ce que l'on a appelé la « nouvelle pensée ».

Mais à l'époque, alors que l'URSS est sous la coupe d'Andropov et de Tchernenko, qui pouvait imaginer la rupture fondamentale qui allait mettre fin au régime – pilotée par ses dirigeants, qui plus est ?

Comment l'Allemagne a-t-elle vécu cet événement ?

Vingt ans après la chute du mur de Berlin, il est désormais acquis que cet événement a marqué la faillite et la fin du communisme.

L'année 1989 en France se trouve aussi être le bicentenaire de la Révolution française, comme si une telle concordance symbolique confirmait la signification attribuée à cet effondrement. Pourtant, si tu compares les réactions de l'époque, et plus précisément celles des principaux protagonistes, celles-ci ne manquent pas de surprendre.

En République fédérale allemande, le chancelier Willy Brandt, qui n'est plus au pouvoir mais qui incarne la politique de rapprochement avec l'URSS, réagit en ces termes :

> Peu de jours dans ma vie ont été aussi grandioses que ce vendredi. C'est peut-être le plus beau jour de ma vie. J'ai vu des milliers et des milliers de personnes heureuses et émues des deux côtés du Mur. J'ai vu une autre ville, sans agressivité, déborder d'amitié, de disponibilité. Une joie immense et je pense à ce mois d'août 1961, alors que je ne parvenais même pas à exprimer toute l'indignation, la rage, la fureur qui étaient en moi. [...] Pour la première fois une révolution allemande a réussi, une révolution pacifique

> qui va persuader le monde que les Allemands ont besoin d'une nouvelle structure politique.

En revanche, Martin Walser, ami d'Heinrich Boll et proche de Gunther Grass, juge qu'« il faut décorer la Chambre allemande avant même de parler de la maison européenne ». L'idée d'une réunification inquiète donc, ce que confirme un appel d'intellectuels est-allemands, le 20 novembre 1989 :

> Ou bien nous aurons confiance dans l'autonomie de la RDA et nous cherchons à construire une société solidaire [...] ou bien, soumis à de fortes pressions économiques, nous devons tolérer que commence la braderie de nos valeurs matérielles et morales ; jusqu'à ce qu'un jour ou l'autre la République démocratique soit séquestrée par la République fédérale. Nous voulons suivre la première voie.

Comme tu vois, il n'est question que de l'avenir des Allemagnes, de leur éventuelle unification et aucune mention n'est faite de communisme, de la soviétisation de la RDA, ni de ses rapports avec l'URSS – à l'exception d'une référence à la « Maison commune », défendue par Gorbatchev qui prône une Russie proche de l'Europe, notamment sur le plan culturel.

Et quelle a été la réaction des Russes ?

Tant que les archives n'auront pas été ouvertes, cela restera en partie un mystère – comme pour la Pologne. Ainsi, tu te rappelles que le général Jaruzelski, dont le procès rebondit en 2008, a déclaré que sa proclamation de l'« état de guerre » en 1981 avait pour but de prévenir une intervention armée des Russes, envisageable face à l'aggravation de la situation. Mais on ignore si les Soviétiques étaient alors vraiment disposés à agir, comme ce fut le cas à Prague en 1968.

Il reste que, en 1986, au nom de la politique héritée de la « nouvelle pensée », puis à la suite de son voyage triomphal à Berlin avant la chute du Mur, Gorbatchev ne veut plus entendre parler d'ingérence militaire pour venir au secours des dirigeants de la RDA.

On a peu d'éléments sur la réaction des Russes à la chute du Mur. À cette date, les Soviétiques sont beaucoup plus préoccupés par le développement des mouvements indépendantistes dans les pays Baltes, c'est-à-dire au sein même de l'URSS. Pour eux, ces territoires font partie de l'Empire, et le pacte germano-soviétique leur a seulement permis de récupérer ce que les alliés leur avaient arraché en 1921. Sans doute avaient-ils oublié que déjà, en 1914-1918, un fort mouvement autonomiste existait en Lettonie et en Lituanie et que, à la tête de ses armées, Guillaume II avait été accueilli avec enthousiasme à Riga.

Un sondage effectué à la fin de 1989 témoigne que 76 % des Moscovites interrogés étaient favorables à leur sortie du Comecon et que 64 % d'entre eux souhaitaient la fin du pacte de Varsovie. Lors de l'élection présidentielle en Russie, en juin 1991, les candidats condamnant la politique « défaitiste » de

Gorbatchev remportent 11 % des voix, mais le score es beaucoup plus élevé dans l'Ouest du pays, occupé par les Allemands en 1941. La réunification allemande est une chose positive pour 19 % des Russes et un sur deux n'en craint pas les conséquences. Ils reprochent toutefois à Gorbatchev d'avoir abandonné la politique répressive du bâton sans qu'ils en perçoivent un quelconque bénéfice.

En quoi a consisté la perestroïka *de Gorbatchev ?*

Par une sorte d'effet domino, la chute du Mur a abouti à celle du communisme et à la fin de l'Empire soviétique.

Depuis plusieurs années, cependant, on assistait à une désacralisation du système. Les « dieux » qui l'incarnaient avaient perdu tout prestige, depuis que, en 1963, Khrouchtchev avait annoncé que la production en URSS dépasserait celle des États-Unis. Or vingt ans après, les magasins étaient vides comme ils ne l'avaient jamais été.

En outre, l'Olympe soviétique se décomposait au rythme des troubles qui agitaient les démocraties populaires. Même la force militaire était remise en cause au regard de la faillite de l'Armée rouge en Afghanistan, ce guêpier « où on entre et d'où on ne sort jamais », comme le proclame un proverbe afghan datant de la fin du XIXe siècle.

Enfin, le régime soviétique, qui s'était présenté comme la « première république de l'amour humain », avait montré sa perversion et sa cruauté en instaurant le goulag et les asiles psychiatriques. La science qu'il prétendait incarner avait échoué, comme en témoignait la catastrophe de Tchernobyl. Et le discrédit du régime se combinait à une suite d'événements intérieurs dont on n'arrivait plus à saisir le sens. Soixante-dix ans après la révolution d'Octobre, le secrétaire élu à la tête du Parti pouvait dire à un autre notable du régime : « Tout est pourri[1]. »

1. Dina Khapaeva et Nicolaï Kopossov, « Les demi-dieux de la mythologie soviétique. Étude sur les représentations collectives de l'histoire », *Annales. Économies, sociétés, civilisations*, n° 47/4-5, 1992, p. 963-987.

Quels en étaient les signes annonciateurs ?

Un classement décroissant des revenus les plus riches, d'après une enquête effectuée en 1987 auprès d'adolescents de 16 et 17 ans est révélateur. Il plaçait en tête les revendeurs de vêtements étrangers, puis venaient les trafiquants, les militaires, les travailleurs de l'extrême Nord, les restaurateurs, le personnel des services automobiles, les ministres, les coiffeurs, les directeurs, les employés de magasin, les prostituées, les diplomates, les chauffeurs de taxi, les aviateurs, les bouchers, les professeurs[1].

Tu remarques que les personnages emblématiques des époques précédentes ont complètement disparu : les kolkhoziens ou stakhanovistes, et même les savants. C'est une nouvelle preuve que le discours officiel marxiste-léniniste a perdu tout crédit. Déjà, en 1980, alors que je voulais entendre un cours de marxisme à l'université dans un grand amphithéâtre, je me suis aperçu que

1. *Literaturnaja, la Gazeta*, 2 septembre 1987.

j'étais le seul auditeur... Quelques années plus tard, un colloque était organisé sur l'« actualité du léninisme » : cette idéologie n'était-elle plus qu'un acte de foi ? Parallèlement, on réhabilitait les pères fondateurs du régime, victimes de Staline, comme Boukharine, et même, pour la première fois, un menchevik (opposant au bolchévisme), Leonid Martov. Sans doute ces signes ne touchaient-ils qu'une infime partie de la population, ils étaient néanmoins révélateurs d'un changement.

Les efforts gigantesques accomplis pour développer la formation et l'enseignement technique depuis plusieurs décennies avaient eu des effets pervers : les armées d'ingénieurs et de techniciens tout comme les cadres du Parti – 50 % d'entre eux avaient fait des études supérieures à Moscou – n'avaient plus, vis-à-vis du dogme ou des discours des dirigeants, la posture de « croyants » qu'avaient pu avoir leurs parents.

Le successeur de Brejnev, Youri Andropov, qui dirigeait le KGB, l'avait bien compris. Il percevait parfaitement la dissolution de la doctrine dans la société, la pénétration des idées et des mœurs occidentales chez les jeunes, notamment par le biais de la musique. Il accrut donc les contrôles pour freiner cette « dérive » mais en même temps, jugeant nécessaire une réforme du mode de gouvernement, il osa dire – ce que lui permettaient l'autorité de sa fonction et sa pratique répressive au pouvoir – que le parti communiste « ne pouvait plus être, dans une société évoluée et différenciée, la seule source de connaissance et de pouvoir ».

Avant de mourir en 1980, il désigna comme successeur le jeune Mikhaïl Gorbatchev, un homme des steppes du Sud, issu d'un milieu rural et qui était par ailleurs un éminent juriste. Inquiets de ce choix, les membres du Bureau lui préférèrent un vieillard plus conforme à leurs attentes, Tchernenko, à qui Gorbatchev se rallia habilement. Ce vieillard mourut moins de deux ans plus tard. La situation globale du pays ne cessant de s'aggraver, Gorbatchev, perçu comme un rénovateur, fut élu cette fois-là, contre un adversaire conservateur, Romanov.

Son arrivée au pouvoir coïncida plus ou moins avec deux événements, de nature et d'ampleur tout à fait différentes, qui jouèrent en faveur de l'ouverture qu'il préconisait dans son essai sur *La Nouvelle Pensée*, écrit avec A. Yakovlev.

En 1986 se produisit la catastrophe de Tchernobyl, un accident dans une centrale d'Ukraine qui met au jour la fragilité des installations nucléaires. Les Soviétiques ne purent pas la cacher, comme ils l'avaient déjà fait pour une ou deux catastrophes moins graves survenues auparavant en Sibérie. Jusque-là, l'un des traits du régime était de nier ses erreurs, et plus généralement tout ce qui échappait à son contrôle et qui révélait les dysfonctionnements de l'État. Avec Tchernobyl, le silence devenait impossible et tout un pan de la vie soviétique était ainsi mis à nu.

Le deuxième fait, apparemment anodin et sans commune mesure avec le précédent, fut l'apparition de caméras mobiles, permettant aux journalistes d'un type nouveau de se faufiler partout et de montrer à la télévision des reportages comme on n'en avait jamais vu, puisqu'ils dévoilaient la vie réelle, et non la présentation officielle, d'une usine, d'un ministère, d'un kolkhoze. « Ma parole, ils ont pris le pouvoir », m'a ainsi dit un jour un dissident, dans mon bureau, à Paris, où nous captions la télévision soviétique.

Ainsi, peu à peu éclataient des vérités sur le véritable état de la société soviétique. La transparence, cette *glasnost*[1] que Gorbatchev plaça au sommet du mouvement de la *perestroïka* – transformation que tous jugeaient nécessaire mais dont on n'osait pas parler publiquement –, était en marche.

Cette liberté de dire la vérité, précédant sans doute la liberté d'expression, fut le premier « effet Gorbatchev », et il bouleversa le pays. Le Secrétaire général lui-même en était le parfait exemple : ses propos n'avaient plus rien de la langue de bois de ses prédécesseurs et il multipliait les phrases incisives :

1. Liberté de l'information.

> Les soviets ont été mis sur la touche.
> Le Parti n'a pas à se substituer aux soviets.
> Il y a eu remplacement des activités gouvernementales et administratives par le Parti.
> Les dirigeants syndicaux sont souvent les valets des directeurs d'usine.
> Ils devraient prendre carrément le parti des travailleurs, avoir des dents.
> De mauvaises conditions de travail, un service de santé médiocre, des salles de repos dans un état déplorable, on dirait que les syndicats trouvent cela normal.

Autant d'affirmations d'un style bien différent de celui de Brejnev, trois ans plus tôt :

> Les syndicats sont appelés avant tout à défendre les droits des travailleurs, mais [ce « mais » est savoureux] ils ne pourraient pas faire grand-chose si la discipline du travail ne se renforçait pas, si la production ne progressait pas.

De même, un dirigeant des syndicats, interrogé à la télévision en 1989, disait :

> La grève n'est pas interdite mais [toujours ce « mais »] elle n'est pas normale dans ce pays.

Et d'ajouter :

> Les comités qui se sont créés alors ont trouvé cette grève normale, ils préconisent l'autogestion des entreprises, en constituant une union interrégionale des comités de grève.

On n'a aucun signe que le pouvoir ait condamné ce mouvement. Mais Gorbatchev allait plus loin encore en déclarant : « Il faut surmonter l'habitude d'en référer à des ordres venus d'en haut. » Yakovlev, Eltsine, Afanasiev et Sobchak surenchérirent en affirmant : « Il convient qu'une collectivité de travail ait le droit d'élire son directeur. »

Le mouvement de démocratisation concernait toute la société : dans les instituts, les entreprises, chacun se voyait autorisé à exprimer sa propre opinion avant que « le Parti délibère », ce que, jusque-là, on jugeait sacrilège. Mieux, les élus pouvaient être choisis en dehors du Parti, souvent au détriment du candidat officiel. C'était le centralisme démocratique, le monopole du Parti qui se voyaient ainsi remis en cause. Par conformisme, on continuait à se référer à Lénine, mais celui-ci a dû se retourner plusieurs fois dans sa tombe à l'époque ! Le XXVIIIe congrès du Parti, en 1990, donne lieu à une « valse des dirigeants » qui a pour but de dissocier le Parti des affaires de l'État. Ce coup de balai entraîne un renouvellement de 85 % des membres du comité central. C'était là une situation absolument inédite en URSS, du jamais vu.

La perestroïka *est-elle un échec ou une réussite ?*

Gorbatchev avait su mener habilement les négociations avec les États-Unis sur le désarmement et laisser les États satellites d'Europe centrale opérer leur propre *perestroïka* – qui, en Pologne, avec la cohabitation de *Solidar-*

nosc et de Jaruzelski, prenait une ampleur inattendue –, donnant ainsi à l'Occident le gage et la preuve de sa volonté de changement. Il accepta aussi la chute du mur de Berlin et la disparition du symbole de l'ancienne division de l'Allemagne et de l'Europe.

Il ne parvint pas toutefois à faire aboutir sa réforme économique. Les magasins en URSS demeurent plus vides que jamais : parfois, on ne trouve plus de savon, le mois suivant, c'est la viande qui vient à manquer. Au grand magasin *Goum*, ce sont les montres qui sont introuvables, puis les vêtements.

Je me rappelle que, un jour, j'étais à Khabarovsk, en Sibérie orientale, à l'heure de la *perestroïka*. Dans l'hypermarché de la ville, il n'y avait rien, si ce n'est des boîtes de tomates en conserve. Le collectif des employés bavardait, faute du moindre client – et pour cause. Sur les murs aux étagères vides, on pouvait lire l'inscription suivante, écrite en lettres de feu : « Ici, nous sommes au service des travailleurs ». Dans le hall de l'hôtel, j'attendais un collègue et j'entendis cette annonce radio : « Les grosses coupures n'auront plus cours demain… Allez les changer à la banque munis de pièces justificatives. » Avant que le personnel réagisse, j'ai eu le temps de changer un gros billet, mais on refusa le second. Des ascenseurs débarquaient des gens affolés : « On nous donne la liberté mais c'est pour nous prendre notre argent ! »

Au sommet, Gorbatchev cumule les pouvoirs. Il a hérité de ceux du Parti, qu'il contribue à diminuer, et il ajoute la présidence des soviets, qu'il a aidé à régénérer. Il suscite ainsi des mécontentements, car certains jugent, comme Boris Eltsine ou Alexandre Zinoviev, qu'il est devenu un tyran, semblable à ses prédécesseurs.

Comment expliquer son parcours ?

À cause de l'échec de la réforme économique – un processus de privatisation qui heurte de front les ministères –, Gorbatchev pense que seule une réforme politique globale permettra de décongestionner le système et de régénérer ensuite l'économie. Il pense ainsi que la démonétisation est gage de réussite, mais elle dresse l'opinion contre lui.

Les premières mesures économiques sont sans effet – la liberté des prix les fait s'envoler et aucune amélioration tangible ne touche les magasins – et l'opinion désenchante : dès 1990, Gorbatchev se trouve débordé par des réformateurs plus radicaux, comme Anatoly Sobchak, élu maire de Leningrad, et plus encore par Boris Eltsine. Ce dernier accède à la présidence du Soviet de Russie et se fait bientôt élire président de la République russe au suffrage universel, ce qui lui confère une légitimité plus démocratique que celle détenue par Gorbatchev. Le 1er mai 1990, celui-ci est hué par les représentants de groupes « informels » qui s'étaient constitués grâce à la libéralisation qu'il avait lui-même initiée.

Il avait contribué en effet à la démocratisation en accédant, non sans réticence, à une demande de Sakharov qui réclamait la suppression de l'article 6 de la Constitution de 1977. Cet article officialisait la décision de Lénine qui faisait du Parti communiste « la force qui dirige et oriente la société soviétique [...] et confère un caractère scientifiquement fondé à sa lutte pour la victoire du communisme ». Son texte ne spécifiait pas que le Parti devait être unique, mais avant même son abolition en 1990, de multiples formations politiques s'étaient constituées. Elles se présentaient comme « informelles » afin d'éviter les erreurs propres à une organisation structurée, dont les citoyens soviétiques avaient parfaitement conscience.

Ces libertés retrouvées permirent à tous les mécontentements de s'exprimer, et la télévision s'en fit le porte-parole en retransmettant les débats du Soviet suprême, que les électeurs « libres » de 1989 avaient renouvelé. Les discussions portaient sur l'extension à donner aux réformes, les radicaux exigeant une démocratisation totale, tandis que les conservateurs récusaient de plus en plus Gorbatchev, « fossoyeur » du régime. Ce dernier crut habile de les rallier à son camp. En réalité, ils allaient fomenter un putsch – ou plutôt un coup d'État en août 1991. En effet, les conjurés appartenaient tous au gouvernement.

Sauvé par un sursaut des démocrates conduits par Eltsine, Gorbatchev était la cible de ceux-là mêmes qui l'avaient désigné : il démissionna de son poste de secrétaire général du Parti et décréta la dissolution du Comité central. Ces décisions marquèrent la fin de la *perestroïka*.

Gorbatchev demeurait toutefois président de l'Union soviétique mais il était soutenu par Eltsine, comme la corde soutient un pendu.

Quelles ont été les conséquences de la perestroïka *?*

Alors qu'il avait réussi à démanteler le système des rapports entre le Parti, l'État et les institutions sociales, et qu'il avait initié la démocratisation du pays – pour « tourner la bureaucratie » et faire aboutir une réforme économique –, Gorbatchev se voit dépossédé du pouvoir par ceux qu'il avait « éduqués » à la liberté. Il n'avait pas vu que le territoire de l'URSS nourrissait un « problème national » qui allait lui exploser entre les mains, telle une grenade.

En mettant en place sa stratégie de démocratisation, Gorbatchev n'avait effectué qu'un diagnostic superficiel du problème national et colonial. Il ne réagit pas aux événements dramatiques de Bakou, où des Azéris massacrent des Arméniens, pas plus qu'au lendemain des émeutes d'Alma Ata, au Kazakhstan. Là, au coup par coup, épurant les cadres, il substitue un « réformateur » à un « conservateur », sans réaliser qu'il remplace un Kazakh par un Russe. Même dans les pays Baltes, où le mouvement nationaliste s'est intégré à un front favorable à la *perestroïka*, Gorbatchev ne parvient pas à se mettre à l'unisson des mouvements en cours. La preuve en est que, au cours d'un voyage tardif en Lituanie, il croit opportun de parler des « nécessités de la défense de l'URSS » ; cette concession aux conservateurs a témoigné de son manque de sensibilité vis-à-vis de la question des nationalités.

Il est frappant que cet homme, si lucide et critique face au système politique soviétique dont il a longtemps maîtrisé les arcanes, ait pu tenir des propos si naïvement optimistes sur le problème national. Ainsi lorsqu'il évoque les populations du Caucase – que son origine koubane le dispose à bien connaître –, on croirait entendre un sous-préfet de Biskra à la veille des événements d'Algérie : « Je sais combien les montagnards sont sensibles à l'amitié, mais également à toute manifestation de mépris. » Si Gorbatchev évoque des difficultés, il les qualifie de « tracasseries administratives » ; s'il aborde le problème de la langue, facteur d'inégalité, c'est en insistant sur la nécessité du russe. Il fait alors référence aux États-Unis, « où tous, quelle que soit leur origine, parlent l'anglais »... Toutefois, ceux qui parlent anglais aux États-Unis y ont émigré de leur plein gré, alors que ni les Azéris ni les Lituaniens n'ont jamais demandé à devenir citoyens soviétiques.

Les problèmes coloniaux et nationaux, au Caucase et en Asie centrale notamment, sont pour la plupart inédits. En premier lieu, on constate que, localement, la politique de dérussification menée depuis 1920 a abouti à une sorte d'autogouvernement de certaines républiques par leurs populations d'origine. Même au Kazakhstan, où les Russes constituent près des deux cinquièmes de la population totale, sur trois cents dirigeants, en 1986, plus de la moitié sont d'origine kazakh. À une enquête qui demande si les citoyens ont le sentiment que, ces dernières décennies, le pouvoir des autochtones s'est accru, 67 % des Kazakhs répondent « oui », alors que 59 % des Baltes considèrent qu'il a décru. C'est là un signe que le problème national est plus vif dans les pays Baltes que dans les républiques musulmanes. Ainsi, lors des massacres des Arméniens en Azerbaïdjan, Gorbatchev s'est étonné que la milice n'ait rien fait. Mais elle était azéri à plus de 50 %, il était peu probable que des Azéris tirent sur d'autres Azéris pour protéger des Arméniens.

Dans ces conditions, toute mesure autoritaire venue d'en haut, tel le déplacement de dignitaires ou de responsables, est ressentie comme un affront, aux répercussions parfois violentes, comme en témoignent les émeutes d'Alma Ata, où l'opposition kazakhe est réprimée par les autorités soviétiques. De même, le transfert en Asie centrale d'Arméniens chrétiens, victimes des événements d'Azerbaïdjan, est à l'origine des émeutes de Douchambé, au Tadjikistan : les Arméniens sinistrés sont logés en priorité, sur décision de Moscou, alors que la région compte plus de cent mille chômeurs, que les bidonvilles se multiplient, ce qui explique ces incidents sans les justifier. Un comité d'intellectuels, tous musulmans, n'a d'ailleurs pas manqué d'exprimer sa solidarité envers les Arméniens – et sa honte aussi, mais en vain.

À l'heure de la *perestroïka*, on a finalement assisté à une dérive des républiques qui, chacune à sa manière, se sont engagées vers l'autonomie.

Le mouvement s'accompagne de l'effacement, au sommet de l'État soviétique, des personnages et hauts dignitaires qui représentent ces républiques. Certes, elles étaient présentes dans les instances dirigeantes, comme le Comité central, mais, depuis quarante ans, le processus de russification, ou du moins de slavisation, du bureau politique, instance suprême du régime, enregistre une évolution frappante. Sur les 264 dirigeants bolcheviks identifiés en 1920-1924, 47 étaient Russes et 119 non-Russes. Durant les années 1952-1982, sur une trentaine de membres, il y avait encore une dizaine de non-Slaves, dont un Ouzbek, un Kazakh, un Azéri. En 1985, plus aucun musulman ne représente une nationalité au bureau politique, Aliev ayant été exclu par Gorbatchev lors des changements des années 1987-1989.

Ce recul bien visible des musulmans a pour corollaire un recul plus large encore des non-Slaves. Au sommet de l'État, la présence de Chevardnadze est perçue par les musulmans comme celle d'un Russe, un Géorgien, un chrétien. L'époque des Ordjonikidze, Staline et Mikoïan (un des dirigeants du PCUS) est bien terminée.

À la dérive, les républiques sont tantôt attirées par le vent du large – c'est le cas de la Lituanie, de la Lettonie, ou de l'Estonie –, tantôt cherchent à renforcer leur autonomie, bénéficiant ainsi des prébendes que Moscou leur accorde.

La situation n'est pas du tout la même que dans l'Algérie coloniale par exemple. En Europe de l'Est, les musulmans sont en partie devenus les maîtres chez eux et dans leur vie quotidienne. Il est significatif que la moindre intervention de l'armée soviétique, en majorité russe – notamment les officiers –, soit vécue comme une agression, comme les manœuvres d'une troupe d'occupation. En Azerbaïdjan, des musulmans soviétiques ont parlé d'un « nouvel Afghanistan », et ce fut à nouveau le cas, plus tard, en Tchétchénie.

Ces éléments permettent de comprendre comment l'Union soviétique s'est effondrée avec le communisme, et comment la question nationale a surgi de façon apparemment contradictoire. Lorsque Gorbatchev a organisé les premières élections libres dans les démocraties populaires en 1989 – des personnes non affiliées pouvaient se présenter et être élues –, la surprise a été grande, à Moscou, quand on a entendu qu'en Arménie les « réformateurs » avait adopté pour cri de ralliement « Karabakh, Karabakh » – une revendication nationaliste anti-azéri. Inversement, dans les pays Baltes, réputés les plus sécessionnistes, des « fronts » démocratiques se sont constitués pour défendre les réformes de Gorbatchev face aux conservateurs. La liberté a donc abouti, ici et là, à la constitution de fronts nationaux qui ont amené ce dernier à réviser le pacte soviétique, et à négocier un traité de l'Union qui officialiserait l'autonomie croissante des républiques.

Ces républiques revendiquent et obtiennent des pouvoirs accrus et une plus grande autonomie, si bien que la bureaucratie centrale de Moscou se sent menacée dans son hégémonie. Elle décide de s'opposer à la réforme économique. Elle avait fini par s'y rallier à condition que la privatisation des grandes entreprises se fasse à l'avantage des *apparatchiks* qui les géraient. Mais dès qu'il apparut que des entreprises pouvaient leur échapper et être gérées par les républiques, la bureaucratie revint sur la réforme. Le traité de l'Union risquait en effet de priver Moscou de la maîtrise économique généralisée de l'URSS puisque les républiques disposeraient désormais de la souveraineté économique.

Ce n'est donc pas un hasard si le coup d'État manqué du 19 août 1991 contre Gorbatchev eut lieu la veille de la signature du traité de l'Union, et il n'échoua que parce que la décomposition de l'État soviétique était plus avancée que ses dirigeants ne l'avaient imaginé. Le nouveau monde des affaires et la mobilisation des jeunes en faveur du courant démocratique d'Eltsine réussirent à sauver momentanément la *perestroïka* – et Gorbatchev, plus provisoirement encore. On lui reprocha le choix de ses ministres putschistes, et lui-même devint l'otage de ses libérateurs. Le coup d'État avait pour but de prévenir la signature du traité de l'Union, mais il avait aussi eu lieu parce que Gorbatchev avait détruit les fondements du pouvoir d'État.

Quelle a été l'action des dirigeants soviétiques après Gorbatchev ?

Plus qu'à un éclatement, c'est une implosion de l'Union soviétique qui se produisit, et Boris Eltsine en fut l'instigateur.

Le problème national se posait avec de plus en plus d'agressivité, au moins dans les républiques chrétiennes – la Géorgie, les pays Baltes, et même l'Ukraine. La situation économique et alimentaire demeurait désastreuse. L'État et le Parti n'avaient plus d'autorité, ni aucune institution d'ailleurs : en guise de *perestroïka*, on a alors affaire, en réalité, à un *rasstroïka*, c'est-à-dire à la « chienlit », au désordre. Conservateurs et démocrates soufflaient à tour de rôle sur le feu.

– Ne craignez-vous pas que votre rivalité avec Gorbatchev n'amène la fin de l'URSS ? demandai-je un jour à Eltsine, de passage à Paris.

– Dans un fauteuil, il n'y a place que pour une seule personne, me répondit-il, sans plus de commentaires…

Cette détermination, il l'avait manifestée, lui, un *apparatchik* typique, en accomplissant plusieurs actes symboliques. Encore membre du Parti en 1986-1987, il avait critiqué publiquement la politique de Gorbatchev, ce qui ne s'était jamais vu. Ensuite il s'était présenté démocratiquement aux élections en démissionnant du Parti, et il avait été élu. Il avait également dissout le parti communiste en Russie au moment du coup d'État. Enfin, acte inouï, il avait proclamé la souveraineté de la Russie, au sein de l'URSS. C'est un peu comme si de Gaulle avait décidé que la France sortirait de l'Union française, qui regroupait à l'époque la France et ses colonies. Les Russes eurent ainsi le sentiment de se libérer soudain du fardeau des républiques, plutôt que de les voir se détacher une à une, ou faire du chantage à la sécession. Eltsine se gagna de la sorte une partie de l'armée qui reprochait à Gorbatchev d'avoir « abandonné » les démocraties populaires.

À partir du moment où la Russie se déclara souveraine au sein de l'URSS, les autres républiques firent de même. C'était pourtant une possibilité qu'elles n'avaient, jusqu'alors, même pas envisagée.

Le but réel de l'opération d'Eltsine était de vider le pouvoir fédéral de sa substance, c'est-à-dire de réduire à néant la présidence de l'Union encore aux mains de Gorbatchev.

Ce dernier n'eut plus d'autre solution que la démission en décembre 1991 : le Kremlin fut placé sous l'autorité russe et le congrès des soviets devint une coquille vide. À l'exception de la Lettonie, qui les avait devancées, toutes les républiques acquirent leur souveraineté. Les Lituaniens, les Lettons et les Estoniens revendiquaient l'autonomie mais sans y croire comme les Ukrainiens et les Tadjiks. Les autres communautés ethniques, pour leur part, étaient plus hostiles au centralisme que favorables au séparatisme. La guerre de Tchétchénie en témoigne, elle qui ne manifestera sa dimension nationaliste que parce qu'Eltsine, démocrate par stratégie mais centraliste dans l'âme, avait refusé de laisser les Tchétchènes gérer eux-mêmes leurs ressources pétrolières. On connaît la suite.

Mais est-ce que le communisme est tombé partout ? En Chine, que s'est-il passé ?

Le 4 juin 1989 une manifestation d'étudiants, d'intellectuels et d'ouvriers chinois est très violemment réprimée sur la place de

Tian An Men à Pékin. La chute du mur de Berlin se produit le 9 novembre de la même année. Quelque temps plus tôt, Gorbatchev s'était rendu en Chine, pour calmer l'agitation et recommander la mesure aux dirigeants chinois. Toutefois ce n'est pas parce que la répression en Chine a précédé la chute des régimes de l'Est que celle-ci n'y a pas eu d'effet.

La mort de Mao Tsé-Toung, en 1976, n'a pas entraîné une modification du régime chinois, à la différence de celle de Chou En-Lai, son vieux compagnon, jugé plus libéral, et décédé juste après lui, qui suscite des manifestations spontanées de jeunes, lesquelles expriment une aspiration libérale larvée.

Le pouvoir revient à Deng Xiaoping qui lance alors un plan dit des « quatre modernisations ». Il réhabilite les victimes du maoïsme et autorise l'érection du mur de la Démocratie, où chacun peut déposer ses plaintes. Le parti communiste conserve néanmoins un pouvoir absolu, même si les *dazibaos* (affichettes d'expression libre placardées sur les murs) sont autorisés dans une vingtaine de villes.

Plus qu'un mouvement démocratique organisé, une sorte de nébuleuse se forme alors, où les étudiants, les intellectuels, les réformateurs n'hésitent pas, au sein du Parti, à affirmer des thèses libérales tout en rejetant, unanimement, un appel direct à la société civile, c'est-à-dire aux ouvriers et aux paysans. Ils redoutent qu'un mouvement de masse entraîne des excès du même ordre que ceux de la révolution culturelle initiée par Mao Tsé-Toung, dont personne n'a oublié les ravages.

Les dirigeants du Parti croient à tort à l'émergence d'une sorte de *Solidarnosc* chinois, au sein même du Parti.

L'exclusion du Parti de plusieurs savants, écrivains, journalistes et le limogeage de Hu Yaobang mettent le feu aux poudres. Les étudiants, sans passé politique, prennent la tête du mouvement : ils sont cent mille à déclarer leur mouvement « patriotique et pour la démocratie », alors que le régime les qualifie de « contre-révolutionnaires ». Le

4 juin 1989, ils sont massacrés sur la place Tian An Men. L'événement sonne la fin de cette lutte pour la libéralisation et la démocratie. Il ouvre une nouvelle période de répression, qui se combine avec un volontarisme économique inédit – le secteur privé réalise en quelques années jusqu'à 40 % de la production industrielle et occupe 30 % de la main-d'œuvre non agricole. Le Parti conserve son monopole, mais il s'accommode d'une libéralisation économique, qui assure au pays une croissance fulgurante et le tourne vers l'extérieur.

Comment expliquer que le régime de Pékin n'ait pas été touché par la crise mondiale du communisme ?

Dès 1985-1986, Gorbatchev décrète la *glasnost* et procède à la démocratisation de la vie politique, mais, dans le même temps, on assiste au blocage des réformes économiques, pourtant urgentes, par le système bureaucratique. Gorbatchev fait alors son possible pour briser le carcan politique, mais il est débordé par ceux qui, comme Eltsine, veulent rompre avec le communisme, et par le désir d'autonomie des démocraties populaires.

En Chine, au contraire, le pouvoir politique n'a rien cédé de ce qui faisait la spécificité du régime, à savoir son parti unique, seule source de légitimité. Cependant, conscient de l'échec des réformes économiques de Moscou, Deng Xiaoping rompt avec la tradition étatiste et lui substitue une économie de marché, qui peu à peu gagne tout le pays. Le régime demeure toutefois marxiste, et récuse tout pluralisme politique.

Qu'en est-il en Europe ?

En Allemagne, depuis la chute du Mur et la réunification, le pluralisme démocratique règne, mais l'ex-partie orientale du pays se juge déclassée, sinon sacrifiée…

En Russie, le pluralisme est plus apparent que réel, néanmoins la démocratisation contrôlée progresse. L'économie se régénère à vive allure depuis l'époque de Poutine mais, comme en Chine, une partie de la population se sent délaissée et victime de cette évolution.

J'ai l'impression qu'il existe aujourd'hui une nostalgie du communisme. Comment l'expliquer ?

Si tu as vu le film *Good bye Lenin*, ou encore *La Vie des autres*, dont l'action se passe dans la République démocratique allemande lors de la chute du mur de Berlin, tu as dû t'étonner de voir dans ces pays de l'Est ou en Russie un sentiment d'« Ostalgie » (terme formé à partir de la combinaison du mot allemand *Ost*, « Est », et de « nostalgie »), le souvenir mélancolique du temps passé. Dans le premier de ces films, une farce politique, on cache à une vieille militante communiste que le régime vient de s'effondrer. Par crainte de la voir succomber à une crise cardiaque, les siens perpétuent sur un mode parodique les rites politiques défunts. Le second film est plus tragique. Il décrit les méthodes de la *Stasi*, la police politique est-allemande, qui met la société sous surveillance pour mieux piéger les ennemis réels ou virtuels du régime – surtout s'il s'agit du rival sentimental de l'un de ses dirigeants ! *La Vie des autres* restitue avec brio l'atmosphère suffocante d'un régime fondé sur l'espionnage permanent et la délation.

En Russie soviétique, à l'époque de Brejnev, les asiles psychiatriques ont peu à peu pris la place du goulag, mais un vent de crainte persiste, affaibli seulement par le désordre russe. Les informations que laisse filtrer le pays – sans parler du témoignage des dissidents – font entendre l'écho de ces vieilles peurs dont la société est imprégnée. Un beau film de Minaev, *Loin de Sunset Boulevard*, en offre un témoignage poignant.

Mais alors pourquoi cette Ostalgie, ce « retour de flamme » – en voie de résorption d'ailleurs –, qu'on observe encore vingt ans après la chute du Mur et du communisme, en Russie et en Europe de l'Est ?

Rappelle-toi que, pendant près d'un demi-siècle, à l'Ouest, l'image du régime soviétique est parvenue au travers d'un miroir déformant. D'un côté, on présente un paradis des travailleurs qui fascine tous les révolutionnaires, éblouis par le succès d'Octobre 1917 et l'élimination des classes dirigeantes traditionnelles. De l'autre, on voit quelles violences inouïes a entraînées la construction de cette nouvelle société. Avant même le goulag, cette métamorphose a épouvanté l'Occident et, après 1945, la soviétisation de l'Europe de l'Est a fait craindre une expansion du régime communiste à l'Ouest. Le coup d'État de Prague en 1948, la guerre de Corée (1951-1953), après le passage au communisme de la Chine, n'en étaient-ils pas les signes précurseurs ? Cette double représentation a faussé toute analyse critique du système. Elle a rendu incompréhensible son brutal effondrement, tel un château de cartes, et a occulté son évolution et certains de ses traits les plus essentiels.

Les observateurs, obnubilés par la dimension totalitaire de ce régime, son parti unique, n'ont pas vu que l'omnipotence de ce parti ne suffisait pas à rendre compte de la lente paralysie du système. Ils en ont imputé la faute à la « bureaucratie », alors que le « pluralisme des intérêts » en est bien plus responsable. Il existait ainsi, à l'échelle de la fédération, cent vingt et un instituts pour la dérivation des fleuves sibériens qui se disputaient les crédits du centre tout en étant, chacun, dirigés par des membres du Parti. À l'échelle locale, un film de Panfilov, *Je demande la parole*, met en scène l'effondrement d'un immeuble dont chaque instance rejette la responsabilité sur l'autre : le soviet de la ville incrimine le syndicat des architectes, qui accuse le collectif des géologues, lequel s'en prend à la région, etc. Tous sont affiliés au Parti mais personne ne veut assumer le coût des réparations.

« Dans ce pays, il y a trop de démocratie », clamait Tchernenko, le prédécesseur de Gorbatchev. On comprend aujourd'hui le sens de cette formule qui, à l'époque, a échappé à l'Occident. Avec un parti de près de vingt millions de membres en 1989, la structure sociale du pouvoir n'a plus rien de comparable à celle qui était la sienne quand le noyau directeur pensait contrôler sa composition. Vers 1975, la participation volontaire des ouvriers à la rédaction des rapports du Soviet suprême diminue : ceux-ci représentent un quart de l'effectif global, mais ils ne rédigent que 6 % des rapports destinés au *Praesidium*. Peu à peu, cette instance se « déplébéianise » : des ingénieurs, des techniciens, des cadres ayant fait des études supérieures prennent la relève… Aux élections libres décrétées par Gorbatchev, à l'heure de la *glasnost* et de la *perestroïka*, ce sont eux qui prennent la parole, guère les ouvriers et les kolkhoziens.

Par capillarité, les idées contestataires gagnent peu à peu les sphères supérieures du Parti – le choix de Gorbatchev comme secrétaire général en témoigne, tout comme sa complicité avec Sakharov, alors en résidence surveillée. Très vite la libéralisation politique se manifeste par une vraie rupture : Sakharov retrouve sa liberté, les camps sont fermés, la presse retrouve la liberté d'expression. Tout cela s'accompagne d'une plus grande autonomie accordée aux démocraties populaires, comme le souhaitait l'Occident.

Au sein de l'URSS, en stigmatisant les dérives du parti communiste, les carences des syndicats et l'impuissance des soviets, la *perestroïka* visait à briser les chaînes qui liaient les différentes institutions au Parti et dénonçait les excès du centralisme démocratique. Institutions et citoyens pouvaient désormais parler en leur nom propre ; le Parti n'avait plus le monopole de la parole. Chacun laissa libre cours à ses souvenirs, on vit se multiplier les instances – *Pamjat*, *Memorial*, etc. – qui analysaient les drames qu'avait connus la société, le goulag notamment. Ces débats sur le passé de la Russie occupent toujours le devant de la scène, au détriment de réels projets d'avenir.

Gorbatchev voulait profiter de ce vide institutionnel pour libéraliser l'économie, ce que le système avait jusque-là rendu impossible. Mais le souffle de liberté emporta le pays plus loin : le radicalisme d'Eltsine balaya le régime et Gorbatchev avec.

Jamais la pénurie n'avait été aussi alarmante qu'à l'époque où Eltsine et Gaidar, son Premier ministre, mirent sur pied les premières étapes de la privatisation, bientôt suivie par des licenciements en masse. L'inflation se propagea, il devint impossible de payer les salaires : des millions de personnes se retrouvèrent sans recours, obligées de vendre leurs biens personnels pour survivre. Ainsi, une fois la privatisation instaurée, chacun reçut des bons mais beaucoup durent les céder pour assurer leur quotidien. Les membres de la *nomenklatura* les mieux placés les acquirent pour une bouchée de pain et le règne de la Kleptocratie débuta, marqué par des privatisations sauvages ; le pétrole, le gaz, les minerais passèrent aux mains de quelques puissants et le banditisme s'imposa dans les milieux bancaires. Dans ce climat frénétique, les plus modestes crurent pouvoir tirer leur épingle du jeu : dans tel institut, par exemple, les employés s'organisèrent en coopérative pour privatiser… les photocopieuses.

Le réseau institutionnel et productif ainsi déchiré, les Russes se sentirent à la dérive. Les services publics, éducatifs et de santé tombaient inéluctablement en déshérence, sans parler de la sécurité de l'emploi, mise à mal par la privatisation. À l'exception d'une minorité – sans cesse croissante –, on maudissait les réformes à l'origine de ce marasme, et avec elles Gorbatchev, qui avait mis fin à la puissance du pays. Seuls quelques « collectifs » persistaient, dont on faisait toujours partie même si l'entreprise ne travaillait plus. Des réseaux divers, le troc, les relations informelles se mirent en place, tels des fantômes de l'ancien régime.

On peut alors comprendre qu'une partie de la population condamne la société issue de la *perestroïka* : les personnes âgées, les sans-travail, ceux qui avaient quitté leur « collectif » pour construire une vie nouvelle (près de 15 % des actifs), les retraités étaient les premières victimes de ces réformes. Autrefois, les Soviétiques incriminaient la bureaucratie mais, paradoxalement, les Russes sont aujourd'hui plus éloignés encore des sphères dirigeantes. Certes, ils étaient auparavant contrôlés, mais ils se sentaient alors encadrés. À présent que le modèle occidental s'est imposé, les magnats ont remplacé les tsars et beaucoup ont le sentiment d'être laissés pour compte.

Le plus frappant en URSS est sans doute le fait que la majorité de ceux qui les ont vécues n'ont pas perçu le sens des évolutions en marche, ni celui des réformes. Ainsi, en 1989, l'Académie des sciences m'a demandé de lui « expliquer » ce qui se passait. Peut-être pensait-elle qu'un étranger serait plus apte à décoder la marche de l'histoire ? Le fait est que la plupart des Russes étaient perdus. L'irruption de la liberté de parole avait entraîné des débats incessants sur le passé, qui l'emportaient sur la volonté de bâtir l'avenir. Les événements avaient été provoqués par le pouvoir et la société n'y participa que par à-coups. Depuis, dans la « démocratie » qui s'est peu à peu installée, la gestion a pris le pas sur le pluralisme – lequel reste fictif – et les citoyens sont simplement spectateurs.

La chute du régime ne s'est pas du tout passée de la même façon dans les démocraties populaires. Les grandes secousses sont venues d'en bas : à Berlin, en 1953, à Budapest et à Poznań en 1956, à Prague en 1968, à nouveau en Pologne, les réformes ont certes émané de l'appareil en place, mais les masses se sont aussi mobilisées. Les populations sont demeurées sur le qui-vive, en Pologne particulièrement. À l'avant-garde théorique et combative, *Solidarnosc*, le syndicat devenu autonome, dessinait une voie de libéralisation entre le Parti, l'Église, l'armée et la Russie de Gorbatchev. Dans le reste des pays de l'Est, à l'arrière-garde, le parti communiste est-allemand censurait les informations en provenance de Moscou et approuvait la répression de Tien An Men. L'hémorragie d'Allemands qui franchissaient le mur de Berlin – jusqu'à cinq cents par heure – témoignait d'une tension qui aboutit à la démission de Honecker et à la chute du Mur tandis que retentissait ce cri : « *Wir sind das Volk, Gorbi-Freiheit !* » (« Nous sommes le peuple, Gorbi, la liberté ! »).

Quelle place font ces différents pays à leur passé communiste ?

Dans l'ancienne RDA, quelques années après la chute du Mur, le responsable de la

Stasi mis en scène dans *La Vie des autres* se retrouve livreur de journaux. On imagine sa nostalgie, comme celle de ceux qui voient, pour un temps au moins, leur RDA « colonisée » par la République fédérale au moment de la réunification.

En Pologne, en revanche, aucune nostalgie mais un ressentiment s'élève contre ceux qui avaient accepté de négocier pour libérer le pays des Russes et du communisme. Au procès de Jaruzelski, vingt ans après, des soupçons à l'encontre des fondateurs de *Solidarnosc* émergèrent, frustration annonciatrice d'une chasse aux sorcières.

En Russie, enfin, la *nomenklatura* est devenue la classe possédante, tandis que le directeur de l'Institut d'athéisme a été promu directeur de l'Institut des religions, sans effort apparent…

Étonnante Russie.

Le communisme a-t-il survécu à sa chute ?

Dans bien des pays survivent des formes extrêmes ou transformées de ce que fut le communisme à l'heure soviétique, qu'il s'agisse de la Corée du Nord, de Cuba ou de la Chine. En outre, là où il a été éliminé, résiste contre toute attente une certaine nostalgie de son règne : 20 % des électeurs ont voté communiste en Allemagne de l'Est dix ans après la chute du Mur et en Pologne, à la même époque, c'est un ancien communiste, Alexandre Kwasniewski, qui a été élu président de la République.

Le communisme n'a pas été seulement un régime qui s'est décomposé ou qui a été rejeté, il a été aussi une idée. La promesse de son avènement incarnait l'avenir de l'Histoire, et seule une révolution pouvait répondre à cette promesse. Les partis communistes étaient porteurs d'une espérance qui servait de référence, assumée ou sous-jacente, à toutes les organisations ou partis contestataires.

Qu'est-ce qui reste de tout cela ?

Dans un essai fameux, il y a trente ans, François Furet abordait un problème voisin en déclarant que « la Révolution française était terminée ». Il entendait par là que, depuis l'instauration de la IIIe République, la France villageoise et paysanne s'était définitivement intégrée dans la nation républicaine, assurant la victoire d'une pratique révolutionnaire qui commémorait d'ailleurs davantage les événements de 1789 que ceux de 1793 (l'avènement de la Ire République). L'idéal jacobin de l'égalité a cependant été capté par la révolution russe de 1917, la bourgeoisie russe n'ayant pas réussi à confisquer la victoire sur l'Ancien Régime comme ce fut le cas lors de la Révolution française. Celle-ci se vit ainsi dépassée par la révolution d'Octobre.

Sans doute peut-on opposer à cette affirmation que les idéaux de 1789 n'ont jamais été atteints, pas seulement l'égalité ou la liberté mais aussi la fraternité, et plus généralement les droits de l'homme. C'est parce que François Furet se place du point de vue de ceux qui dirigent la société, et non de ceux qui en subissent les contraintes. La question qu'il soulève n'en est pas moins bien utile pour répondre à la tienne.

En premier lieu, je constate que, bien que les régimes communistes soient tombés, les communistes sont toujours présents. Cette remarque se vérifie particulièrement en Russie et dans les anciennes républiques où, pour l'essentiel, les anciens secrétaires des temps d'Andropov ou de Gorbatchev ont été reconduits au pouvoir. Le ministre des Affaires étrangères de Gorbatchev, Chevardnadze, est même devenu président de la Géorgie indépendante. En Russie, les membres du KGB ont modifié le nom de leur institution après son démantèlement, mais la majorité d'entre eux ont gardé leurs fonctions. D'ailleurs, c'est presque le seul élément que la presse occidentale retient du passé de Poutine. Les maires de Moscou et de Saint-Pétersbourg sont restés en place, comme bien d'autres responsables. L'organisation d'élections présidentielles libres, avec des médias plus ou moins sous contrôle, constituait une occasion de renouveler le personnel dirigeant. Mais après 1990 – survivance du passé soviétique –, les réseaux avaient plus de réalité que les partis politiques, qui apparurent très vite comme des coquilles vides – à la seule exception du parti communiste, à la fois nostalgique du passé et opposé à la politique de privatisation de Gaïdar et Eltsine.

Le rejet du passé, quoique majoritaire, ne se traduit ni par des procès de masse – qui en seraient la continuation – ni par une adhésion active aux pratiques démocratiques, auxquelles on ne croit guère. Ainsi, lorsque Poutine a substitué la nomination à l'élection des gouverneurs – tu peux comparer cela avec la France, où les préfets sont nommés, mais ceux-ci ont toutefois affaire à des conseils généraux élus –, il n'a guère rencontré de protestations, les Russes jugeant que, de la sorte, on évitait la dimension toujours aléatoire d'un vote.

Dans l'ancienne URSS, comme d'ailleurs dans les démocraties populaires, il se fit ainsi une révolution sans révolutionnaires.

Les dissidents ne gardèrent pas longtemps leur place dans les nouvelles structures – sauf

Sakharov en Russie et Vaclav Havel en Tchécoslovaquie – parce qu'ils jugeaient sévèrement les compromis négociés à la sortie du communisme. La classe ouvrière, agent effectif des événements de Pologne, perdit de son pouvoir une fois Lech Walesa élu président et les réformes libérales entreprises dans l'industrie lourde se firent généralement à ses dépens.

Même en Roumanie, où Ceausescu et sa femme furent jugés et exécutés après un procès expéditif, les communistes revinrent au pouvoir après avoir eux-mêmes dissout leur Parti. En Hongrie, le parti communiste se transforme en parti social-démocrate. En Tchécoslovaquie, Dubcek, le leader communiste du Printemps de Prague, appelle Vaclav Havel au pouvoir. En Pologne, enfin, une table ronde, initiée par Gorbatchev, réunit Jaruzelski et Walesa avant que le second ne prenne le pas sur le premier. Partout, l'ex-*nomenklatura* se perpétua au pouvoir alors que le mouvement avait pourtant été dirigé contre elle à l'origine.

Quelles sont les ressemblances et les différences de ces événements avec les grandes révolutions antérieures ?

Après la Révolution française de 1789, ce ne fut pas l'aristocratie qui fut détruite, mais son principe. Les aristocrates français survécurent quelques années avant de disparaître, puis ils revinrent après 1815. En URSS, le régime persécute la bourgeoisie mais ne la détruit pas, la plupart des dirigeants bolcheviks étant eux-mêmes des bourgeois. Ceux-ci sont toutefois peu à peu évincés de l'appareil d'État avec la montée des classes populaires. En 1792-1794, puis en 1918-1938, la terreur ne vise donc pas les aristocrates ou les bourgeois de façon exclusive : leur persécution tient à la nature du régime, aux mécanismes qu'il met en place.

En URSS même, les hommes aux commandes du régime ne supportent pas les contraintes qu'il impose. Ne pas pouvoir circuler, s'informer ou exprimer ses idées leur devient insupportable, comme le monopole du Parti. Sans doute la majorité de la population n'est-elle concernée par l'histoire et le régime politique que lorsque les mesures prises ont un impact sur son existence. Mais la pénurie, qui se généralise dans les années 1980, touche tout le monde à l'exception d'une minorité. La rupture de la *perestroïka*, les privations et les licenciements brisent la vie de millions de gens. Ils signent la faillite de la gestion économique instituée par le communisme, qui était pourtant l'un de ses fondements.

Dans son essence, le projet communiste se voulait le produit de la science. C'est ainsi que Karl Marx l'avait imaginé. Lorsqu'il achève le manuscrit du *Capital*, il en envoie un exemplaire à Charles Darwin, lequel n'est ni un idéologue ni un théoricien politique mais un savant spécialiste des sciences et de la nature. Engels l'explique ainsi : « De même que Darwin découvrit les lois de l'évolution de la nature, Marx découvrit celles de l'évolution des sociétés humaines. » Le concept de lutte des classes était ainsi l'homologue de celui de sélection naturelle, et on pouvait dresser une analogie entre les modes de connaissance de la nature et ceux de la société.

À la suite de Marx, les socialistes « scientifiques » ont obtenu leur légitimité grâce à des travaux sur le développement économique, les formes et les modes de production, considérés comme l'infrastructure de l'édifice social et politique. Après lui, Kautsky, Adler et bientôt Lénine ont défini l'action révolutionnaire en partant de ces prémices : c'est-à-dire qu'un parti révolutionnaire à direction unique, sans pluralisme ni tendances, devait permettre à la révolution socialiste d'accomplir sa première tâche, la construction d'une économie capable de mettre fin à la lutte des classes et à cette « folie » qu'était le gouvernement des hommes, *via* la rationalisation des projets, la planification économique et un processus d'étatisation.

Jusqu'à la Seconde Guerre mondiale, le pays connut ainsi un développement prodigieux, dû, pour une part, au travail forcé dans le goulag. Cette croissance dérive également de la victoire des armées soviétiques sur celles de l'envahisseur. Mais, par la suite, la reconstruction n'atteint pas les résultats annoncés et espérés, et cette faillite économique – notamment dans le secteur de la consommation – est à l'origine de la *perestroïka*, laquelle, selon Gorbatchev, devait lever les verrous bureaucratiques freinant la production des biens de consommation. Sauf dans le domaine de l'armement et du béton, ce fut un vrai naufrage. La faillite frappa le projet socialiste en son principe même. Pour les citoyens de l'URSS, le passage au libéralisme, à la privatisation, signa leur débâcle personnelle, et leur colère ne visa pas le socialisme mais ceux qui avaient détruit le système dans lequel ils avaient vécu.

Le rejet du changement a été plus net encore en Allemagne de l'Est, où l'effondrement du Mur avait fait naître de grandes espérances. C'est ce qui a nourri l'Ostalgie – et il est révélateur que le terme soit apparu en Allemagne et non en Russie. Dans ce pays, si Poutine ménage la mémoire de Staline et laisse commémorer celle de Nicolas II – le « tsar sanglant » – c'est que la *nomenklatura* post-stalinienne est toujours en place et que stigmatiser l'époque stalinienne équivaudrait, pour la population, à renier son propre passé. Les enquêtes d'opinion réalisées ces dernières années montrent que la victoire de 1945 demeure l'événement majeur de l'Histoire, bien plus que la révolution d'Octobre ou la guerre patriotique de 1812 et ses souffrances – et elle est liée au souvenir de Staline.

Toutefois, en Russie, le socialisme n'est plus au centre des projets ou des discours. Il le reste cependant en Allemagne où *die Linke* (« la gauche ») fait concurrence à la social-démocratie pour proposer une alternative aux coalitions actuellement au pouvoir : c'est là la résurgence d'une tradition qui remonte à Karl Marx et à Rosa Luxemburg. Cette dernière, victime de la droite et des socio-démocrates, avait notamment stigmatisé la forme tyrannique donnée par Lénine au communisme.

Et en France ?

La chute du communisme en URSS et dans les pays de l'Est a paralysé les organisations de gauche françaises. La faillite économique du modèle soviétique a désarmé tous ceux qui, marxistes ou non, avaient pensé s'inspirer de son expérience pour amender la système capitaliste, combattre les effets de la crise et de la mondialisation. Planification, nationalisations, étatisation étaient à l'origine des pratiques mises en œuvre en URSS, puis en Grande-Bretagne, en Scandinavie et en France. Or leur vulnérabilité apparut dès les années 1980, affaiblissant ainsi l'arsenal théorique de la gauche.

Trente ans plus tôt, les communistes français avaient déjà perdu une partie de leur électorat lorsque, au lendemain de la Libération, le Parti avait retenu la bride de l'élan ouvrier en recommandant « de gagner la bataille de la production ». La défaite électorale était ensuite venue couronner un mouvement de grèves plus violent que jamais, initié par les communistes et réprimé par le socialiste Jules Moch – tels les spartakistes de Rosa Luxemburg brisés par Ebert en 1918. L'avant-garde la plus combative, déçue, ne put admettre que la politique de

« participation » au gouvernement soit dictée par Moscou. Le doute augmenta après la condamnation de Tito, la répression de Budapest en 1956 et de Prague en 1968. Ces événements étaient incompréhensibles pour ceux qui croyaient au marxisme-léninisme. Qui plus est, le Parti restait sur des positions dogmatiques anciennes alors que la société s'était transformée et que, grâce à la multiplication des médias, elle disposait d'informations qui rendaient le programme du Parti obsolète et achevaient de la désorienter.

Aujourd'hui, les militants n'ont plus foi en l'alternative d'une société communiste et le Parti s'est vu dépouiller de certaines de ses revendications par les Verts, les gauchistes ou même le Front national.

Prisonnier lui aussi de doctrines anciennes, techniquement libéré de l'appartenance au monde révolutionnaire mais tétanisé par ses surenchères, le socialisme français a abandonné peu à peu une partie de ce qui faisait de lui l'alternative à la droite. La crise financière qui a explosé en 2008 peut aboutir à une réévaluation du rôle de l'État dans l'économie, mais quelles que soient les mesures thérapeutiques mises en œuvre, ce serait sans rapport avec ce que le socialisme ou le communisme avait imaginé ou institué.

Soucieux de refonder une France républicaine et socialiste et de rompre avec la fascination délétère que le communisme avait exercée, le socialiste Vincent Peillon dégage les fondements de ce que pourrait être cet avenir dans son livre *La Révolution française n'est pas terminée.* Aussi ces fondements sont-ils antérieurs à 1917. L'essai ne mentionne pas plus Lénine ou Staline, que Thorez, Marchais, Mitterrand ou le Programme commun de la gauche de 1972. Est-ce à dire que le communisme, son parti en France, son projet, son passé lié à celui de l'URSS, ses rapports avec le Parti socialiste ont pris fin sans avoir jamais existé ?

Ce serait oublier que le souvenir de ce passé n'est pas mort. Il ne portait pas seulement en lui une promesse, un projet, mais un combat. La chute du communisme en URSS a mis à bas la « forteresse » qui constituait l'amarre (peut-être à tort) de bien des révolutionnaires, la référence (à tort aussi) des mondes du travail. L'URSS figurait surtout une force de refus – du capitalisme surtout.

Si l'URSS n'existe plus, le refus existe toujours. Sa faillite et le désaveu qu'ont connu ses expériences ont gardé un goût de cendre pour ceux qui avaient foi en elle. Le feu s'est assoupi, mais les braises sont toujours là, constamment ranimées par le ressentiment.

Et pour que sa charge explose, aurait pu dire Lénine, il n'est pas besoin de révolutionnaires : il suffit de laisser agir les dirigeants.

LES PROTAGONISTES

Abouladze, Tenguiz (né en 1924)

Cinéaste géorgien, auteur de *Pokajanie* (*Le Repentir*), description cruelle d'un régime de terreur dans une petite ville dont le tyran tient des propos d'une parfaite orthodoxie marxiste-léniniste. Le scénario fut autorisé par Chevardnadze pour aider à la diffusion des idées de la « nouvelle pensée », mais demeura sur les étagères jusqu'à la *perestroïka*. Le choc émotionnel que produisit le film à sa sortie en 1986, où il fut vu par trente millions de spectateurs, rappelle les remous provoqués par les premiers écrits de Soljenitsyne, en 1964.

Adenauer, Konrad (1876-1967)

Premier chancelier de la République fédérale allemande, de 1949 à 1963, il incarne l'intégration de l'Allemagne de l'Ouest dans l'Occident, jugeant que cette stratégie est plus efficace qu'une tentative de réunification avec l'Allemagne de l'Est (RDA). Les principaux axes de sa politique s'organisent autour du projet d'une Europe chrétienne (mais non inféodée à la papauté), de l'adhésion inconditionnelle à la politique américaine, d'un mariage de raison avec la France, et de l'anticommunisme. À l'intérieur, il n'exclut pas de faire appel à des éléments, jugés utilisables, de l'époque nazie. Il eut à faire front au blocus de Berlin (1948) et à la construction du Mur (1961).

Arendt, Hannah (1906-1975)

Philosophe allemande, théoricienne du totalitarisme, auteur de ces trois volumes fondateurs : *L'Impérialisme*, *L'Antisémitisme*, *Le Système totalitaire*. Elle y démontre les analogies entre nazisme et communisme et conclut que le totalitarisme n'est pas seulement un phénomène imposé aux hommes par en haut, auquel ils ne peuvent pas résister. Son œuvre, fondamentale, a servi de support théorique à nombre de théories révisionnistes.

Boukovski, Vladimir (né en 1942)

Dissident soviétique, dont l'ouvrage, *Une nouvelle maladie mentale en URSS. L'opposition*, révéla à l'Occident, en 1971, l'existence et le fonctionnement des asiles psychiatriques en URSS.

Brandt, Willy (1913-1992)

Exilé volontaire à l'époque nazie, maire de Berlin en 1957, il devient chancelier de la RFA en 1969 et le demeure jusqu'en 1974. Social-démocrate, il obtient le prix Nobel de la paix pour sa politique d'ouverture à l'Est et le geste symbolique de s'agenouiller devant le mémorial du ghetto de Varsovie. Compromis par la présence d'un espion venu de l'Est dans son cabinet, il doit démissionner de la présidence du Parti. En 1989, à peine le Mur tombé, il appelle à l'unification des deux Allemagnes.

Brejnev, Leonid (1906-1982)

Après les secousses de l'ère stalinienne, de la déstalinisation et du volontarisme khrouchtchévien, le long règne de Brejnev semble ériger la prudence en vertu, au moins à l'intérieur où se consolide le règne de la bureaucratie. C'est aussi le temps d'une « stagnation économique » où transparaît peu à peu la faillite du système collectiviste : le taux de croissance ne cesse de baisser avant de tourner au désastre dans l'agriculture.

Benes, Edvard (1884-1948)

Un des pères fondateurs de la République tchécoslovaque. Traumatisé par les accords de Munich et son incapacité à les refuser, exilé à Londres pendant la guerre, il ne pense qu'à « défaire Munich » et reçoit pour cela le soutien de De Gaulle. Président de la République en 1945, il compte sur l'URSS pour s'opposer à une revanche allemande. Mais lorsque le parti communiste mené par Gottwald gagne les élections de 1946, il le laisse bientôt se saisir de la totalité du pouvoir, « coup d'État » réalisé avec la bénédiction de Staline (1948).

Ceausescu, Nicolae (1918-1989)

Dès son accession au pouvoir en Roumanie, Ceausescu développe l'idéologie d'un national-communisme où apparaît sa volonté d'indépendance vis-à-vis de Moscou, ce qui le rend populaire : il refuse de se joindre aux troupes du pacte de Varsovie qui répriment le Printemps de Prague. Par la suite, son régime se durcit et devient despotique. Lors des événements de 1989, il est arrêté, condamné pour génocide et est exécuté sauvagement avec sa femme après une parodie de procès.

Dubcek, Alexander (1921-1992)

Dirigeant communiste d'origine slovaque, il devient le symbole d'un « socialisme à visage humain », tout en voulant demeurer fidèle à Moscou. Il entend procéder à une libéralisation du régime par une démocratisation du Parti. Mais il est manipulé par Brejnev et, à l'initiative de ce dernier, les forces du pacte de Varsovie écrasent les populations ralliées au Printemps de Prague. Évincé de la scène politique, le régime en fait un technicien des forêts. Lors de la « révolution de velours » en 1989, on le promeut président de l'assemblée fédérale, mais il n'est déjà plus qu'un homme du passé.

Genscher, Hans-Dietrich (1927)

Ministre de Willy Brandt, il poursuit ensuite sa politique d'ouverture à l'Est et persuade le chancelier Helmut Kohl de « prendre Gorbatchev au mot ». En 1989, il gère la crise des ambassades, permettant à des milliers d'Allemands de l'Est de passer à l'Ouest *via* la Tchécoslovaquie ou la Hongrie.

Eltsine, Boris (1931-2007)

Figure de proue du mouvement démocratique en 1989, il est élu président du

Soviet suprême et déclare la souveraineté de la Russie au sein de l'URSS. Puis il démissionne du parti communiste et s'oppose à Gorbatchev dont il dénonce l'irrésolution. Il le sauve néanmoins d'une tentative de putsch montée par les conservateurs avant d'exiger – et d'obtenir – sa démission après que chaque république a proclamé sa souveraineté. Par la suite, rompant avec le passé, il lance une privatisation qui, jointe à la destruction des institutions, laisse les Russes désemparés. Grâce à l'appui de l'armée et à une partie de la population, il dissout le Parlement par la force et voit ses pouvoir confirmés par un référendum. Malade, il laisse le pouvoir à son Premier ministre, Vladimir Poutine, en 1999.

Gomulka, Wladislaw (1905-1982)

Premier secrétaire du Parti communiste polonais, il met au jour les écarts de son propre parti par rapport aux principes démocratiques et à la loi. Cela lui octroie une popularité qui lui permet de résister à Moscou en 1956, et d'instaurer une sorte de révisionnisme. Mais il s'attire l'inimitié de l'Église et perd la confiance de Moscou. Trop fragilisé, il est éliminé en 1970.

Gottwald, Klement (1896-1953)

Dirigeant communiste tchécoslovaque, responsable du coup de Prague (prise de contrôle du pays) en 1948, il garde la totalité du pouvoir après avoir remporté les élections en 1946. Étroitement fidèle à Moscou, il installe un des premiers régimes de terreur qui instruit de grands procès, tel celui de Slanski (qui lui-même avait recouru à ce procédé), où antisémitisme et connivence avec Israël constituent les principaux ferments de l'accusation. Les excès de la période Gottwald, qui meurt en même temps que Staline, entraînent la montée d'un courant libéral qui explose en 1968.

Havel, Vaclav (né en 1936)

Auteur dramatique tchèque entré en politique pour la défense des libertés, il est l'un des promoteurs de la « Charte 77 » (pétition de dissidents condamnant la politique répressive du gouvernement), ce qui lui vaut la prison. Chantre d'une « vie dans la vérité », il devient une haute conscience. En 1989, il négocie la transition du pouvoir avec les responsables du régime en faillite : c'est ce qu'on a appelé « la révolution de velours ». Élu président de la République tchécoslovaque, il ne peut prévenir la partition du pays. Son approche moralisante des problèmes politiques lui fait perdre peu à peu sa popularité.

Honecker, Erich (1912-1994)

Chef de la République démocratique allemande de 1971 à 1989, il s'aligne inconditionnellement sur Moscou tout en acceptant le principe de négociation avec la République fédérale de Willy Brandt. Garant d'un développement économique mesuré, il instaure un régime inquisiteur et policier, incarné par son service de police de renseignement, la sinistre *Stasi*. Hostile au mouvement réformateur animé par Gorbatchev et inconscient de la portée de la révolte contre l'existence du mur de Berlin, il doit quitter le pouvoir en 1989 et s'exiler au Chili jusqu'à sa mort.

Jean-Paul II (Karol Wojtyla, dit, 1920-2005)

Premier pape non italien depuis plus de quatre siècles, cet archevêque de Cracovie mène une lutte offensive contre le communisme et participe indirectement aux combats de *Solidarnosc* pour les libertés polonaises et celles de l'Église catholique. Parallèlement, en Amérique latine, il réduit les activités des chantres de la « théologie de la libération », défend en tout lieu un ordre moral et patriarcal et condamne l'avortement, la contraception et l'ordination des femmes. « N'ayez pas peur », est le mot d'ordre de ce pape omniprésent et courageux. Il remobilise une Église qu'avait divisée le réformisme de Vatican II.

Kadar, Janos (1912-1989)

Leader communiste hongrois, ayant des fonctions politiques importantes à l'époque où Rajk, à la tête du parti communiste, est l'accusé principal dans les procès d'épurations. Arrêté puis libéré, il est porté au pouvoir par les Soviétiques après le soulèvement de Budapest en 1956. Il gère une normalisation qui porte ses fruits en laissant l'économie se libéraliser et en renouvelant les cadres du Parti après l'exécution de Nagy, l'homme responsable de la crise de 1956. La prospérité relative que connaît le pays est associée à cette politique, dite de « kadarisation », qui survit jusqu'en 1988.

Kadar, Jan (1918-1979)
et Klos, Elmar (1910-1993)

Cinéastes semi-dissidents, leur film, *L'Accusé*, met au jour la destruction par le régime tchécoslovaque des bases de ce qui faisait la prospérité de l'industrie du pays (1964).

Khrouchtchev, Nikita (1894-1971)

Premier secrétaire du parti communiste en Ukraine, et proche de Staline pendant la Seconde Guerre mondiale, il réussit à s'imposer après la mort de ce dernier en dénonçant ses crimes et son culte de la personnalité.

Les révélations que contient son rapport (1956) déclenchent une bourrasque dans le monde communiste et suscitent la révolte de Budapest qu'il écrase, tout en ménageant les soubresauts réformistes des Polonais. Il laisse s'installer un certain « dégel » qui contribue à affaiblir les fondements théoriques du régime. La réaction ne se fait pas attendre avec Souslov et Brejnev. À l'extérieur, il ouvre un nouveau front de la guerre froide en soutenant Fidel Castro à Cuba, au moment où, en Allemagne, la situation se durcit avec la construction du mur de Berlin. Ses rivaux le destituent en douceur en 1964 et il meurt dans l'oubli en 1971.

Kohl, Helmut (né en 1930)

Chancelier de la RFA de 1982 à 1998, il pose en principe que « l'unité de l'Allemagne et celle de l'Europe constituent les deux facettes d'une même médaille ». D'abord sceptique sur l'action de Gorbatchev, il finit par le convaincre d'abandonner la RDA après la chute du mur de Berlin. Mis en cause pour les pratiques occultes de financement de son parti chrétien-démocrate, il doit quitter le gouvernement.

Kominform

Bureau d'information des partis communistes, créé en 1947 à la place du Komintern que Staline avait dissout en 1943. Il coordonne l'action des partis communistes européens contre le plan Marshall, accusant la division du monde en deux camps antagonistes. Il considère que l'heure de la prise de pouvoir est arrivée et condamne les partis français de Thorez ou italien de Togliatti de s'être pliés au réformisme aux lendemains de la défaite de l'axe. Le *Kominform* entend mener désormais la lutte pour la paix, contre la politique belliciste des Américains et le réarmement allemand. Il perd de son autorité avec la mort de Staline en 1953 et le nouveau cours de la politique de l'URSS provoque sa dissolution en 1956.

Kuron, Jacek (né en 1934)

Il est l'un des pères de la gauche critique polonaise qui rompt avec le parti communiste en 1964 : sa *Lettre ouverte au parti ouvrier polonais*, écrite avec Karol Modzelewski, appelle à la révolution ouvrière contre la bureaucratie centrale politique. Emprisonné plusieurs fois, il inspire le mouvement *Solidarnosc* et participe aux réflexions préparant le changement de régime à l'heure de la *perestroïka*.

Marshall (plan)

Projet américain d'aide économique à l'ensemble de l'Europe, à l'Ouest comme l'Est, destinée à sa reconstruction au lendemain de la guerre et à prévenir l'avancée du communisme. Comme le contrôle de ces fonds sera nécessairement le fait des Américains, Staline met son veto à ce projet, qui avait déjà séduit les Tchèques. Il marque la rupture et consacre la guerre froide.

Modzelewski, Karol (né en 1937)

Comme Jacek Kuron, il est l'un des pères de la gauche critique polonaise qui rompt avec le parti communiste en 1964, et le co-auteur de la *Lettre ouverte au parti ouvrier polonais*, qui appelle à la révolution ouvrière contre la bureaucratie centrale politique.

Sakharov, André (1921-1989)

Savant soviétique, entré en dissidence et prix Nobel pour sa défense des Droits de l'homme. Exilé à Gorki en 1980, il est libéré par Gorbatchev. Avec Yakovlev, il participe activement à la *perestroïka* puis il est écarté de la vie politique après avoir vivement critiqué l'autorité en place.

Soljenitsyne, Alexandre (1918-2008)

Capitaine pendant la guerre, ce professeur de mathématiques est arrêté et déporté pour avoir tenu des propos imprudents sur le régime. Envoyé au goulag au Kazakhstan, il en revient et publie le premier grand récit de la vie dans un camp, qui décrit le système concentrationnaire, *Une journée d'Ivan Denissovitch* (1964). Ses libelles et cette œuvre gigantesque font de lui la figure emblématique de la dissidence. *L'Archipel du goulag* paraît à l'étranger en 1970. Prix Nobel de la paix en 1974, il est expulsé et condamne avec la même intransigeance les dérives du système capitaliste. S'affirmant slavophile, il laisse percer dans son œuvre des accents réactionnaires et antisémites, mais l'essentiel est la façon dont, seul, il a su affronter le régime, en décrire les crimes contre les Droits de l'homme. Il ne se rallia qu'avec réserve à la *perestroïka* et son action fut célébrée avec plus de vigueur à l'étranger qu'en Russie.

Tarkovski, Andrei (1932-1986)

Cinéaste semi-contestataire, d'inspiration chrétienne. Dans *Andreï Roublev*, film interdit en 1966, il stigmatise l'absence de liberté qui paralyse la création artistique. *L'Enfance d'Ivan*, peu avant, avait décrit la guerre sous un jour guère favorable au régime.

Wajda, Andrzej (né en 1926)

Cinéaste polonais contestataire. Son film *Kanal* accuse les Soviétiques d'avoir abandonné les résistants polonais lors du siège de Varsovie. Dans *L'Homme de marbre*, un héros du travail est envoyé aux oubliettes après le dégel. Le cinéaste instruit ainsi le procès du stakhanovisme glorifié par le régime. Son œuvre inspire les fondateurs de *Solidarnosc.*

Walesa, Lech (né en 1943)

Dirigeant syndical polonais puis chef de l'État de 1990 à 1995. Grâce à la lutte ouvrière, il se retrouve à la tête d'une organisation indépendante, *Solidarnosc.* Il est emprisonné plusieurs fois et reçoit le prix Nobel de la paix en 1983. Ses liens avec l'Église catholique, son autoritarisme et son conservatisme sur les questions de société l'éloignent de ses amis intellectuels. Il est battu lorsqu'il se représente aux élections présidentielles. Le communiste Aleksander Kwasniewski lui succède.

REPÈRES CHRONOLOGIQUES

1945 Conférence de Yalta (janvier-février).
Capitulation de l'Allemagne (mai).
Conférence de Potsdam, l'Allemagne est divisée en zones.

1946 Discours de Churchill à Fulton : « Un rideau de fer s'est abattu sur l'Europe. »

1947 Plan Marshall.
Création du *Kominform* (Bureau d'information des partis communistes).

1948 Coup de Prague : prise de contrôle de la Tchécoslovaquie par le parti communiste.
Création de la République fédérale allemande et de la République démocratique allemande.
Réforme monétaire allemande : blocus de Berlin.

1949 Bombe A soviétique.
La Chine devient communiste sous Mao Tsé-Toung.

1950 Plan Schuman : création de la Communauté européenne du charbon et de l'acier.

1951 Défaite des communistes en Grèce.
Début de la guerre de Corée.

1953 Mort de Staline.
Répression d'émeutes à Berlin.

1955 Pacte de Varsovie (pacte d'assistance militaire entre l'URSS et les démocraties d'Europe de l'Est).

1956 Rapport Khrouchtchev.
Insurrections de Budapest et de Poznań.
Traité de Rome : instauration d'un marché commun en Europe.
Crise de Suez après la nationalisation du canal de Suez par l'Égypte.

1958 De Gaulle arrive au pouvoir.

1961 Crise de Cuba.
Construction du mur de Berlin.

1964 Destitution de Khrouchtchev. Brejnev lui succède jusqu'en 1982.

1967 Soljenitsyne proteste contre la censure en URSS : publication d'*Une journée d'Ivan Denissovitch*.

1968 Émeutes de Mai 68 à Berlin, à Paris et ailleurs.
Répression du Printemps de Prague.

1970 Révolte des syndiqués contre les dirigeants communistes à Gdańsk.

1972 Traité fondamental, réglant les relations diplomatiques entre les deux États allemands selon le droit international.

1976 Mort de Mao Tsé-Toung.

1978 Condamnation des dissidents en URSS.

1980 Grandes grèves de Gdańsk : création de *Solidarnosc* dont le leader est Lech Walesa.
Répression en RDA, sur l'ordre d'Honecker.

1981 « État de guerre » en Pologne décrété par le général Jaruzelski.

1982 Andropov succède à Brejnev à la tête de l'URSS.

1984 Tchernenko succède à Andropov.

1985 Gorbatchev succède à Tchernenko.

1986 Après une période de « stagnation », Gorbatchev lance la *perestroïka*.
Catastrophe de Tchernobyl.

1987 Élections en URSS avec de multiples candidats.
Manifestations dans les pays Baltes, en Arménie, en Géorgie.

1989 Table ronde *Solidarnosc*/Parti communiste polonais.
Massacres de Tien An Men en Chine.
Eltsine remporte les élections en Russie.
Chute du mur de Berlin.
Effondrement du régime communiste en RDA.

1990 Lech Walesa président de la Pologne.

1991 Chute de Gorbatchev, dissolution de l'URSS.
Fin du régime communiste.

LECTURES COMPLÉMENTAIRES

Jean-Philippe Beja, *À la recherche d'une ombre chinoise. Le mouvement pour la démocratie en Chine (1919-2004)*, Paris, Seuil, 2004.

Hélène Carrère d'Encausse, *Le Grand Frère*, Paris, Flammarion, 1983.

Jean-Marie Chauvier, *L'URSS. Une société en mouvement*, La Tour-d'Aigues, Éditions de l'Aube, 1990.

Dominique Colas (dir.), *L'Europe post-communiste*, Paris, PUF, 2002.

Stéphane Courtois et Marc Lazar, *Le Communisme*, Paris, MA éditions, 1987.

Jean-Luc Domenach, *Où va la Chine ?*, Paris, Fayard, 2002.

Marc Ferro, *Les Origines de la* perestroïka, Paris, Ramsay, 1990.

François Furet, *Le Passé d'une illusion. Essai sur l'idée communiste au XXe siècle*, Paris, Robert Laffont, 1995.

Dina Khapaeva et Nicolaï Kopossov, « Les demi-dieux de la mythologie soviétique. Étude sur les représentations collectives de l'histoire », *Annales. Économies, sociétés, civilisations*, n° 47/4-5, 1992, p. 963-987.

Marc Lazar, *Le Communisme. Une passion française*, Paris, Perrin, 2005.

Georges Mink, *Vie et Mort du bloc soviétique*, Bruxelles, Casterman, 1997.

– et Jean-Charles Szurek, *Cet étrange post-communisme*, Paris, CNRS/La Découverte, 1992.

Antonio Missiroli et Fabio Bertini, *Les Deux Allemagnes (1945-1995)*, Bruxelles/Florence, Casterman/Giunti, 1995.

Jacques Rupnik, *L'Autre Europe. Crise et fin du communisme*, Paris, Odile Jacob, 1990.

Alexandre Soljenitsyne, *L'Archipel du goulag*, Paris, Seuil, 1974-1978, 3 vol.

TABLE DES MATIÈRES

Du même auteur sur le XXe siècle

L'Occident devant la révolution soviétique
Complexe, 1980

Des soviets au communisme bureaucratique
Gallimard-Julliard, 1980

Comment on raconte l'histoire aux enfants
à travers le monde entier
Payot, 2004 [1981]

Suez, la naissance du tiers-monde
Complexe, 2006 [1982]

La Grande Guerre, 1914-1918
Gallimard, 1985, « Folio », 1997

Pétain
Fayard, 1993 [1987]

Les Origines de la *perestroïka*
Ramsay, 1990

Histoire des colonisations
Des conquêtes aux indépendances
Seuil, « Points », 1994

La Révolution de 1917
Albin Michel, 1997

Les Sociétés malades du progrès
Plon, 1998

Nazisme et communisme, deux régimes dans le siècle
Sous la direction de Marc Ferro
Hachette, 1999, « Pluriel », 2005

Histoire de France
Odile Jacob, 2001

Le Choc de l'Islam
Odile Jacob, 2002

Le Livre noir du colonialisme
Sous la direction de Marc Ferro
Robert Laffont, 2003

Le Cinéma
Une vision de l'histoire
Éditions du Chêne, 2003

Les Individus face aux crises du XXe siècle
L'histoire anonyme
Odile Jacob, 2005

Le XXe Siècle expliqué à mon petit-fils
Seuil, 2007

Le Ressentiment dans l'histoire
Comprendre notre temps
Odile Jacob, 2008

RÉALISATION : NORD COMPO À VILLENEUVE-D'ASCQ
IMPRESSION : NORMANDIE ROTO IMPRESSION S.A.S. À LONRAI
DÉPÔT LÉGAL : AOÛT 2009. N° 97780 (092553)
IMPRIMÉ EN FRANCE